Heinrich Hess

Spezialführer durch das Gesäuse und durch die Ennstaler Gebirge zwischen Admont und Eisenerz

weitsuechtig

Heinrich Hess

Spezialführer durch das Gesäuse und durch die Ennstaler Gebirge zwischen Admont und Eisenerz

ISBN/EAN: 9783956560996

Auflage: 1

Erscheinungsjahr: 2013

Erscheinungsort: Bremen, Deutschland

@ weitsuechtig in Access Verlag GmbH. Alle Rechte beim Verlag und bei den jeweiligen Lizenzgebern.

weitsuechtig

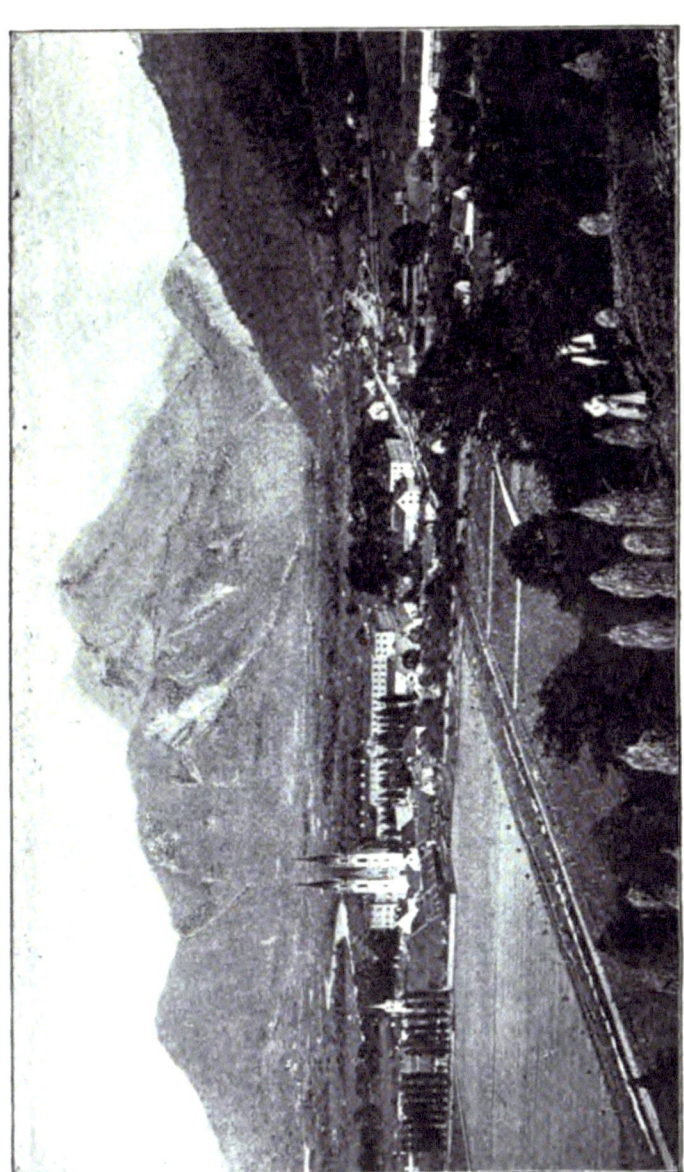
Nach einer Photographie v. Würthle & Spinnhirn, Salzburg.
Der grosse Buchstein mit Admont.

SPECIAL-FÜHRER

DURCH DAS

GESÄUSE

UND DURCH DIE

ENNSTHALER GEBIRGE

ZWISCHEN ADMONT UND EISENERZ.

VON

HEINRICH HESS.

WIEN, 1884.
VERLAG VON ARTARIA & Co.
(I., KOHLMARKT 9.)

Nachträge und Zusätze.

Frühjahr 1888.

Seite 10. *ad 5.* **Tamischbachthurm.** Weg von Gross-Reifling über die Hackenschmiede und den Bärnsattel zur Ennsthaler-Hütte **roth** markirt. Vom Bärnsattel nicht zur Egger Alpe, sondern nunmehr in Serpentinen durch steilen Wald direct s. auf den Kamm des Tamischbachthurm, welcher knapp unterhalb der Ennsthaler-Hütte erreicht wird. Weiter Seite 25.

Seite 11. *ad 6.* **Kl.-Buchstein.** Von der Bruckwirth-Alpe durch den schütteren Wald r. neben dem meist trockenen Bachbette thaleinwärts. Die Trümmer einer Holzknechthütte, welche l. bleiben, sind kaum mehr kenntlich. Im inneren Thalkessel hält man sich schief nach r. aufwärts, um zuletzt, den Gipfelwänden r. ausweichend, auf den Kamm anzusteigen. Auf diesem sodann ganz hinauf an die oberen Gipfelwände. Sodann Seite 27, *sub V.* Die Route über den Otterriegel, direct aus dem Mühlgraben ist ganz belanglos.

Seite 15. *ad I.* **Hartlesgraben.** Weg (vom Wächterhause beginnend) jetzt **gelb** markirt. Die gelben Marken leiten

ad II. **durch das Sulzkar** über den Sulzkarhund nach Johnsbach, und finden von dort ihre Fortsetzung über die Treffner-Alpe etc. bis Admont, siehe S. VII der „Nachträge".

Seite 17. *ad IV.* **Lugauer.** Weg durch den **Waggraben** und über die **Scheucheck-Alpe** roth markirt (Beginn bei der Erzbachbrücke gegenüber von Steinberger's Gasthaus). Wenn der Abstieg in das Haselkar geplant ist, so hat man vom vorderen Gipfel wieder ganz abzusteigen bis zum Krummholz, an dessen Rand ein ziemlich guter Pfad in das Haselkar leitet. Oder über die Scharte (siehe S. VII der „Nachträge").

Seite 18. *ad V.* **Tamischbachthurm.** Weg *a)* über die **Hochscheiben-Alm** roth markirt. Nachmarkirung im Zuge. Alle übrigen Wege (*sub b, c* und *d*) entschieden n i c h t anzurathen.

Seite 20. *ad VI.* **Hoch-Zinödl.** Ausser dem angeführten Weg noch: den **gelben** Marken durch den **Hartlesgraben** bis in den unteren Theil des **Sulzkar's** folgen, dann r. (n. w.) durch eine grüne Verschneidung auf den Kamm und Gipfel ansteigen, ca. 4½—5 Std.

Seite 21. **Führer in Gstatterboden.** Ein concessionirter Führer existirt nicht. Für die leichteren Touren besorgt der Hôtelier Wegweiser, für die schwierigen Felstouren wurden **Daniel Innthaler** aus dem Reisthale (Post-Adresse Altenberg bei Mürzzuschlag) und **J Steiner**, aus Ramsau bei Schladming, wiederholt verwendet. Für die Johnsbacher Touren besorgt der **Donner-Wirth** Wegweiser, doch ist darauf nicht mit Sicherheit zu rechnen. Andreas Rodlauer führt nicht mehr.

Seite 25. *ad III.* **Tamischbachthurm.** Für den Besuch dieses Berges, der nunmehr meist favorisirten Aussichtswarte des Gesäuse's, wurde 1885 von der Wiener alpinen Gesellschaft „Ennsthaler" in beiläufig 1700 m Höhe die „**Ennsthaler Hütte**" hergestellt. (Besuch 1887 = 520 Personen.) Dieselbe steht am N. W. Kamme, etwa ½ Std. oberhalb der **Egger-Alpe**, welch' letztere indess nicht berührt zu werden braucht. Unmittelbar nachdem man die Höhe des Sattels (der Weg über das kurze, steile Stück, knapp unterhalb desselben, ist jetzt solid verbessert) erreicht hat, steht man beim Jagdhause, von dem aus man die Ennsthaler-Hütte bereits ö. oberhalb sieht. Die alten Marken (roth) führen noch zur Egger-Alpe, man thut jedoch besser, der directen Richtung zur Ennsthaler-Hütte folgend, durch den Wald anzusteigen, wodurch man den Winkel, welchen der alte Weg beschreibt, abschneidet. — Die Hütte, oberhalb einer kleinen Kammstufe (kl. Schnecke) stehend, gewährt einen prachtvollen Einblick in das Gesäuse und eine weitreichende Fernsicht Sie ist ganz aus Holz erbaut, weist im unteren Raume 10 Lagerstätten (auch Damenraum), im Dachraume Platz für 16 bis 20 Personen auf und ist den ganzen Sommer hindurch bewirthschaftet. (Warme Speisen, Bier, Wein etc) — Der Weg auf den Gipfel führt von der Hütte ab zunächst ganz eben weiter, etwa am oberen Rande des schütteren Hochwaldes und unterhalb der Krummholzregion, hält sich dann immer auf der Gesäuseseite, ziemlich tief unter dem Kammrücken, welcher erst hoch oben bei einem flachen Rasensattel, unterhalb einer Kammstufe (Gr. Schnecke), erreicht wird. Weiter noch meist auf der Gesäuseseite, doch nahe der Schneide, zuletzt über diese, auf den Gipfel. Hüttenbenützungs-Gebühren: bei Tag 20 kr., bei Nacht 60 kr. pro Person.

Seite 26. *ad. IV.* **Ueber die Egger Alpe und den Bärnsattel nach Gr. Reifling.** vom Bärensattel ab roth markirt. Vom **Bärnsattel** nach **St. Gallen blau** markirt. Beide Markirungen kommen von der Ennsthaler-Hütte herab

Seite 29. *ad. b.)* **Gr. Buchstein. Anstieg durch das Rohr.** Die Steilstufe, mit welcher das Plateau auf die Schuttbänge absetzt und über welche die Route (roth markirt) führt, bietet keine nennenswerthen Schwierigkeiten, erfordert aber unbedingt Geübtheit. Wird der Weg als Abstieg gemacht, so kann man sich möglichst lange an den Gipfelkamm halten, den man erst dort (nach l.) verlässt, wo sich bereits eine scharf ausgeprägte Mulde nach dem Rohr absenkt, bleibt aber stets unmittelbar neben diesem, das Buchstein-Plateau gegen das Gesäuse begrenzenden Kamme, da man sonst auf ungangbare Wandabbrüche oberhalb des „Hinter-Winkel" stösst.

Seite 30. *ad. VII.* **Peternpfad — Hochthor.** Die Tour über den Peternpfad und den N. N. O. Grat auf das Hochthor gehört zu den grossartigsten und lohnendsten Touren in den n. Kalkalpen. Sie bietet keine hervorragenden Schwierigkeiten, erfordert aber Klettergewandtheit und vollkommene Schwindelfreiheit und soll, ausser von erfahrenen Alpinisten, nur unter guter Führung unternommen werden. — Wie *sub* *VII.* Seite 30 zur Peternscharte, 4—4½ Std. Von der Scharte s., zuerst l. unter dem nächsten Gratthurme durch, dann r. auf den Grat zur Rosskuppe. Einstieg in deren Felsen etwas l. über grosse Platten, dann schief nach l. hinauf, oben über felsige Rasenstufen nach r. auf den Gipfel. Jenseits sehr steil — schwierige, sehr exponirte Stelle — auf eine tiefe Scharte hinab, dann schmaler Grat zum „Dachl", einem dachartigen Gratstücke, welches, solange noch l. unterhalb Schnee liegt, auf diesem — sonst am besten in den Strümpfen, d. h. ohne Schuhe — zu passiren ist. Nachher exponirter aber unschwieriger Anstieg auf den nächsten Gratthurm und weiter zum letzten Sattel unter dem Hochthor. Ueber Geröll l. in die Felsen und durch diese l. und aufwärts zu einem breiten, seichten Couloir, in dessen Nähe über grosse Stufen anstrengend zum n. und über die Hochthor-Scharte auf den s. höchsten Gipfel ca. 2 Std.

Der Grat, welcher Hochthor und Oedstein verbindet, wurde erst einmal, und zwar in umgekehrter Richtung überschritten. Er ist s e h r s c h w i e r i g zu passiren und darf nur von sehr tüchtigen, klettergewandten Alpinisten in Angriff genommen werden. Die Hauptschwierigkeit liegt im Abstiege vom Oedstein auf die nächste Gratscharte und der Ueberschreitung der unmittelbar anschliessenden Gratstellen.

Seite 35. *ad. g.)* **Treffner-Alm.** Weg dahin gelb markirt.
Seite 35. *ad. IX.* U e b e r d e n **Sulzkarhund** durch das Sulzkar und nach **Hieflau** g e l b markirt (siehe Nachträge Seite I und VII).
Seite 39. *ad. XII.* **Oedstein.** *sub a)* soll es heissen, bis zu einer Wiese, welche dem **Hauptgraben** des s. w. Abhanges des Kl. Oedstein vorgelagert ist. Ferner
Seite 40, Zeile 5 v o.: Nach Passirung der Scharte betritt man die Westabhänge des Kl. Oedstein und wendet sich alsbald r. aufwärts dem ersten, sich nach oben stark verengenden Couloir zu
Seite 42. *ad: XIX.* **Ueber die Treffner- und Flietzen-Alm** nach **Admont,** g e l b markirt. Siehe S. VII.
Seite 48. *ad XV.* **Reichenstein.** Der Anstieg über die T r e f f n e r - A l p e gewährt kaum einen nennenswerthen Vor-

theil gegen den Süd-Anstieg: Die grüne Schneide der Pfarrmauer, obwohl einen prächtigen Ausblick gewährend, braucht nicht unbedingt betreten zu werden, indem man auch s. unterhalb derselben, aber wegen eines scharf eingerissenen Grabens nur ganz unbedeutend tiefer, durchpassirt. Sodann quer l. (w.), mässig an Höhe verlierend, unter den Felsabstürzen des Todenköpfel durch zu dem wilden Couloir, welches von der Scharte zwischen Todenköpfel (d. i. der ö. Gipfelzacken) und dem Hauptgipfel herabführt, und woselbst das Kreuz für die daselbst verunglückten Herzmann und Kupfer steht. Nach Querung des flachen Couloirs über ein kleines Wandel etwas aufwärts auf Rasenbänder und nun quer nach l. (w.) zu kleiner Scharte in einem unbedeutenden Nebengrat. Jenseits hinab schlechte Stelle, dann wieder quer w. bis in das Hauptcouloir, welches unmittelbar oberhalb der berüchtigten Wandstelle erreicht wird. Weiter Seite 65.

Reichenstein: Auch über die Nord- (strenge genommen Nord-Ost-) Seite dieses stolzen Berges wurde bereits eine Anstiegsroute gefunden, doch ist dieselbe nicht nur sehr schwierig, sondern auch in hohem Grade steingefährlich. Den Einstieg in die Wände (zu diesen gelangt man am besten über den grünen Kamm, welcher vom Reichenstein n. sich absenkt und den Kofergraben vom Johnsbachthale trennt) vermittelt das grosse Couloir, welches fast senkrecht unter dem Gipfel auf die Schuttströme mündet, und aus welchem man sich sodann r. hinaufwendet zur „Höhle". Von dieser beginnt die schwierigste, sehr exponirte Kletterstelle, nämlich das Traversiren an der nur wenig gefurchten Wand, bis hinaus an den Westabbruch, von wo sodann sehr s‘eil gerade hinauf geklettert werden muss, um die westliche Schulter und von dieser den Gipfel zu erreichen.

Seite 46. **Admont.** Gasthaus-Veränderungen: „Hotel Post" jetzt Grossauer's Besitz; Brauhaus „Friedl" jetzt „Sulzer"; „Haider" jetzt Walchenberger z. „Hutterer".

Führer (neu bestellt): J. Reitegger in Hall für Haller-Mauern und das Gesäuse; Anton

Müller und Bonaventura Zettlmaier für die Umgebung von Admont.

Spaziergänge: Adam im „Paradies" mit grossem, neuen Saal; Unter Hall, Pomayer's Café mit schöner Veranda; bei der Eichelau jetzt die „Ennspromenade" etc.

Seite 50. **Dörfelstein.** 1063 ᵐ Höchst lohnender, ganz leichter Spaziergang. Hin und zurück ca. 3 Std. Entweder über Unter-Hall durch Wald, oder von der Wenger-Strasse abzweigend von S. auf gutem Wege. Beiderseits roth markirt und Wegweisertafeln. Am Gipfel Aussichts-Pavillon: „Ennsthal- und Dachstein-Aussicht", erbaut von der Section „Ennsthal-Admont" des Oe. A.-C. Prächtiger Blick einerseits auf den weiten Thalkessel von Admont, von Frauenberg bis zum Gesäuse-Eingang mit dem grossartigen Gipfelkranze der Buchstein-, Hochthor- und Reichenstein-Gruppe, andererseits herrliche Fernsicht in das obere Ennsthal mit dem Dachstein.

Seite 51 u. 52 *ad VIII.* **Kaiserau,** Schafferweg *sub b* jetzt gelb markirt. Anschluss daran siehe Seite VII (der Nachträge) über Flietzen- und Treffner-Alm nach Johnsbach etc. Unterhalb der Kaiserau an der Strasse jetzt Grubeck's Gasthaus z. „Nagelschmied".

Seite 54. *ad I & II.* Ueber das **Pyhrgas-Gatterl** nach Spital a. P., roth markirt.

Seite 56. **Natterriegel.** Die rothen Wegmarken beginnen in Ober-Hall bei der Brücke und bleibt dabei die Piz-Alm unberührt r. liegen. Weg vom Grabner-Thörl über den Grat und auf den Gipfel jetzt ganz bequem hergerichtet.

Seite 57. *ad VI.* **Hexenthurm** (auch Bärnkarmauer). *Sub c)* ist noch der Anstieg vom Kesselkargrat durch die Westwand anzuführen (Nur für Geübtere!) Zur Koch-Alm wie *sub IX*, Seite 59, und nun durch den n.-ö. Graben unschwer auf die grüne Schneide am N. W.-Fusse des Hexenthurm. Von hier schönes Felsband — nur eine mässig schwierige Platte aufweisend — quer durch die W.-Wand aufwärts nach r. (S.) zu einem steilen Couloir, das zu queren ist, und weiter r. aufwärts immer schöne Bänder in das

Hauptcouloir, durch welches zur Scharte zwischen beiden Gipfeln und r. (ö) auf den ö. höheren!

Seite 59. *ad VII*. **Hochthurm**. Von der Scharte weg nicht eine Felswand, sondern ein schöner, zersplitterter Felsgrat zu erklettern. Beizufügen ist noch:

a) **Kesselkar-Grat**. 1989 m Von der Scharte beim Hochthurm ö. — die Nordseite traversirend — ohne besondere Mühe. Aussicht nur auf nächste Umgebung.

b) **Kreuzmauer**. 2079 m Nicht schwierig, lohnend. Von dem Mühlauer-Sattel (Seite 59) n.-ö. längs des Rückens — eine 2 m hohe, senkrechte Terrasse erkletternd — in ca. $^1/_2$ Std. Die Aussicht ist ähnlich jener vom Scheiblingstein, doch durch diesen einigermaassen beschränkt.

Seite 61. *ad XII*. **Dürrnschöberl**. Der Weg ist nunmehr. w e i s s markirt. Beginn der Markirung beim Schlosse R ö t h e l s t e i n über die M i l c h e b e n zur S a t t e l a l m. Weiter über den S p i t z - K o g e l auf den Gipfel. A b s t i e g gleichfalls w e i s s markirt, durch den E d e l g r a b e n über die G i e r n - A l m nach A i g e n und zur Haltestelle F r a u e n b e r g.

Seite 63. *ad XIII a*). **Kalbling**: Bis zum Kalbling-Gatterl g e l b e Marken. *b*) **Kalbling**: Ueber Scheiblegger-Alpe und Kreuzkogel r o t h markirt. Für das **Sparafeld** gelten die gleichen Marken. Als A b s t i e g ist folgende Route in das Gesäuse, als nicht sonderlich schwierig, zu erwähnen: Vom Gipfel erst w. zurück, dann n. in die Mulde zwischen Sparafeld und Riffel hinab. Aus dieser Mulde auf gutem Bande entlang dem Gehänge des Sparafeld-Nordgrates r. hinaus auf den unteren Theil desselben (grüner Kamm) und weiter r. (n. ö.) hinab in den Kessel oberhalb der Kofer-Alpe. Ueber letztere in das Gesäuse nahe dem Gesäuse-Eingang.

Seite 66. *ad XVI*. **Ueber die Kaiserau, Flietzen- und Treffner-Alm nach Johnsbach**: g e l b m a r k i r t. Dieser prachtvolle Spaziergang ist besonders Jenen anzurathen, welche eine tüchtige Fusswanderung nicht scheuen, dennoch aber keine Gipfeltour über schwieriges Felsterrain zu machen beabsichtigen, weil er besser wie irgend ein Thalweg die Grossartigkeit des Felsgerüstes des Reichenstein-Stockes zeigt. Der Weg kann eventuell so getheilt werden, dass in der Flietzen-

Alpe (aber nur auf Heu!) genächtigt wird. — Die Fortsetzung von Johnsbach führt über die Koder-Alpe, den Sulzkarhund, durch das Sulzkar und den Hartlesgraben an die Enns (gleichfalls **gelb** markirt), von dessen Mündung man in 1 Std. Hieflau erreicht. — Dieser Weg in seiner ganzen Erstreckung ist eine sehr lohnende Parallel-Route zur Wanderung durch das Gesäuse — natürlich nur dann zu empfehlen, wenn das Gesäuse schon bekannt ist. (Die Kaiserau kann hiebei rechts liegen bleiben, indem man über die Spiegel-Alm geht.)

Seite 73. *ad b.* **Lugauer.** Wer vom Neuburg-Sattel auf den Lugauer will, thut jetzt am besten, den Haselkogel zu übersteigen, da die Wege an der Radmer Seite (Gaissteig etc.) nicht mehr in praktikablem Zustande sein sollen. Aus dem Haselkare entweder direct auf die hintere Spitze, und etwas complicirt, in Folge der Scharte, welche auf der Seite des Hartlesgrabens zu umgehen ist, auf den vorderen Gipfel. — Wer die Passirung der Scharte scheut, kann aus dem Haselkare, etwa in gleicher Höhe bleibend, längs der Hänge, mit welchen das Lugauer-Massiv in den Hartlesgraben absetzt, auf mässig gutem Pfade bis etwa unterhalb der Scharte gehen und sodann direct auf den vorderen Gipfel aussteigen, wie Seite 17, sub IV.

Gesäuse-Eingang: Seit 1886 besteht eine Haltestelle „Gesäuse-Eingang", wodurch insbesondere die Fusswanderung durch das prächtige Gesäuse des einzigen lästigen Theiles, nämlich der sonnigen Strasse vom Gesäuse-Eingang bis Admont, entkleidet wird. Für den Besuch des Johnsbach-Thales ist dieselbe von geringerem Werthe, weil der Weg bis zum Johnsbach-Eingang nicht kürzer ist, als jener von Gstatterboden

H. Hess.

Vorwort.

Ein Jahrzehnt ist noch nicht viel überschritten, seit uns durch die eiserne Schienenstrasse die unvergleichlich grossartigen Naturschönheiten des mittleren und unteren Ennsthales erschlossen wurden, aber schon ist der Ruf derselben hinausgedrungen über die Grenzmarken unseres Vaterlandes in aller Herren Länder, und von überall kommen allsommerlich die Bewunderer in stets wachsender Zahl herbeigeeilt. Noch lange aber wird es währen, bis diese Ziffer jene Höhe erreicht haben wird, welche den seltenen Schönheiten dieses auserlesenen Stückes Erde entspricht

Die Grundbedingungen eines recht zahlreichen Fremden- und Touristen-Verkehres sind in erster Linie die Schönheit und Mannigfaltigkeit einer Gegend, sodann aber eine möglichst gute Unterkunft, bequeme Bereisung und schliesslich ein wohlorganisirtes Führerwesen. Was die Unterkunft anbelangt, so ist dieselbe im Allgemeinen — wir sprechen hier immer nur von jenem Theile des Ennsthales, welches uns zunächst interessirt: Dem Gesäuse und seiner unmittelbaren Umgebung — eine recht gute, ja zum Theile sogar vorzügliche, und wird überdies von allen Betheiligten noch zu verbessern und vervollkommnen getrachtet. Auch was die Bereisung betrifft, so kann dieselbe durchwegs als eine bequeme und mühelose bezeichnet werden. Die Eisenbahn-Verwaltung in richtiger Erkenntniss der Sachlage und des eigenen Vortheiles, hat alles Mögliche gethan zur Bequemlichkeit und Erleichterung für das reisende Publicum. Früher war das Gesäuse nur nach tagelanger, mühevoller Reise zu erreichen — heute gelangt man von Wien aus in acht- (mit Eilzug sechs)-stündiger angenehmer Fahrt dahin. Auch für andere Vehikel ist genügend vorgesorgt und sind die Reichs- und Landstrassen durchgehends in vorzüglichster Consistenz. Der grösste Theil der Spaziergänge und Touren ist zumeist auf gut erhaltenen Wegen oder bequemen Alpsteigen auszuführen, blos die schwierigeren Felstouren entbehren naturgemäss grösstentheils der ausgetretenen Wege, was indess andererseits von den Liebhabern dieser Art von Touristik mit Freude begrüsst wird.

Dass dieses schöne Stück Erde Genüsse jeder Art und für jeden, selbst den verwöhntesten Touristen bietet, wird aus den nachfolgenden Schilderungen zur Genüge hervorgehen; hier sei nur noch einmal bemerkt, dass einzelne Theile des Gesäuses und seiner Umgebung sich nicht nur für die flüchtige Schaar derjenigen Alpinisten eignet, welche nur so im Fluge diesen oder jenen Gipfel erklimmen, oder dieses oder jenes Thal durcheilen, sondern dass es sich auch ausgezeichnet für längere Zeit ansiedeln oder für ganze Familien den Sommer über wohnen lässt. Thatsächlich wird ja das auch schon seit Jahren vielfach benützt.

Das Führerwesen jedoch liegt noch ganz im Unklaren. Hier wäre noch ein grosses und dankbares Feld fruchtbringender Thätigkeit für die alpinen Corporationen, da in dieser Richtung so ziemlich noch gar nichts geschehen und noch Alles zu thun übrig ist. Der Hauptgrund dafür liegt wohl darin, dass die zunächst hiezu Befähigten und in Folge ihres Berufes vor allen anderen geeigneten Personen: Die Jäger und das Forstpersonale zum Theile nicht die Erlaubniss, zum Theile aber nicht die Zeit haben, um das sonst ziemlich einträgliche Führergewerbe auszuüben. Doch auch hierin ist eine langsame Besserung unverkennbar. Ausserdem aber hat die Wiener alpine Gesellschaft „D'Ennsthaler" (welcher auch der Verfasser angehört), in gewiss richtiger Würdigung dieses Umstandes und zur theilweisen Compensirung dieses Uebelstandes umfassende Wegmarkirungen vorgenommen und Orientirungstafeln angebracht, welche in vielen Theilen ganz gut die Führer entbehrlich machen. Allerdings hat auch dieses System wieder seinen Nachtheil, indem hiebei auch einige sehr schwierige Steige markirt wurden und diese Markirungen nun manchen, der Gegend Unkundigen, verlocken können, ein Wagniss zu unternehmen, dem er sodann nicht gewachsen ist. Zur richtigen Benützung dieser Markirungen nun und zum Theile auch zur Warnung Nichtgeübter soll dieses Werkchen nach Möglichkeit beitragen. Im Uebrigen jedoch soll es in genauer und ungeschminkter Wiedergabe all' jene herrlichen Naturgenüsse zur Anschauung bringen, welche das Gesäuse und seine Umgebung in so überreichem Masse bietet; es soll nach Möglichkeit neue Bewunderer anwerben und ihnen weniger bekannte Punkte erschliessen. Den wetterfesten kopfsicheren Felsklimmern wird es ein treuer und verlässlicher Begleiter sein, denn Alles, was darin niedergelegt ist, basirt auf eigener Erfahrung und ist die Frucht langjähriger eingehendster Durchstreifung des ganzen Gebietes Gerechtfertigt ist das Erscheinen dieses Werkchens jedenfalls dadurch, dass ein ähnliches bislang nicht existirt; die vorhandenen aber naturgemäss dieses Gebiet viel zu wenig eingehend behandeln.

Die Eintheilung dieses Führers ist nach Standquartieren getroffen, und soll dies dadurch begründet sein, dass dies die Art ist, welche am meisten den allgemeinen Anforderungen an ein Reisehandbuch nachkommt. Diejenigen, welche sich irgend einen Ort zu längerem Aufenthalt erwählt haben, finden auf diese Art alles Wünschenswerthe möglichst vereinigt, jene aber, welche das Gebiet nur durchstreifen, haben genug Daten und Anhaltspunkte zur Zusammenstellung ihrer Touren.

So sei denn dieses schlichte Werk der freundlichen Beachtung aller Naturfreunde wärmstens empfohlen Wenn es beiträgt dazu, dem schönen Ennsthale recht viele Bewunderer zuzuführen, wenn es den stolzen Gipfeln und Zinnen desselben recht zahlreiche Erklimmer bringt, dann ist sein Zweck erfüllt. Den Mängeln aber, welche ihm vielleicht anhaften, möge der freundliche Leser gütige Nachsicht entgegenbringen.

Der Verfasser.

Inhalts-Verzeichniss.

	Seite
Einleitung.	
Allgemeines	1
Gliederung und Charakter, Wasserläufe	1
Grenzen	2
Geognostisches, Flora und Fauna	2
Zugang, Standquartiere etc.	3
Literatur	4
Eisenbahnfahrt	4
Touristischer Theil	7
Gross-Reifling	7
Uebersicht	8
Schilderungen:	
1. zur Rochusgrotte	8
2. nach Landl	8
3. nach St. Gallen	8
Touren von St. Gallen	9
4. in das Gebiet des Hochschwab	10
5. auf den Tamischbachthurm	10
6. auf den kleinen Buchstein	11
Landl	11
a) von Landl nach Gross-Reifling	11
b) nach Lainbach	11
c) nach Gams	12
d) auf die Jodlbauer-Alpe	12
Hieflau	13
Uebersicht	13
Schilderungen:	
B. Spaziergänge:	
a) in den Waggraben	14
b) auf den Wagriegel	14
c) auf den Eckstall	14
d) zur Sattelboden-Alm	15
e) auf den Jägersattel	15
C. **Touren**:	
I. In den Hartlesgraben	15
II. durch das Sulzkaar und über den Sulzkaarhund nach Johnsbach	16

VIII

	Seite
III. durch den Hartlesgraben auf den Hüpflingerhals und nach Johnsbach	17
IV. auf den Lugauer	17
V. auf den Tamischbachthurm	18
VI. auf den Zinödl	20

Gstatterboden 20
  Uebersicht 22
  Schilderungen:
  A. **Spaziergänge**:
    a) zum Gstatterboden-Bauer 23
    b) auf die Hochscheiben-Alpe 23
    c) auf den Brucksattel 23
    d) nach Johnsbach 23
  B. **Touren**:
    I. In den Bruckgraben und zurück 24
    II. über den Brucksattel und Lafawald nach Weng 25
    III. auf den Tamischbachthurm 25
    IV. über die Egger-Alm nach Gross-Reifling . . 26
    V. auf den kleinen Buchstein 27
    VI. auf den grossen Buchstein 28
    VII. über den Peternpfad auf die Planspitze . 30
    VIII. über den Wasserfallweg 32

Von Johnsbach aus:
  a) **Spaziergänge**:
    e) zum Wolfbauern-Wasserfall 34
    f) zur Koder-Alm 34
    g) auf die Treffner-Alm 35
  b) **Touren**:
    IX. Ueber den Sulzkaarhund und das Sulzkaar nach Hieflau 35
    X. auf den Zinödl 36
    XI. auf das Hochthor 37
    XII. auf den Oedstein 39
    XIII. auf die Stadelfeldschneid 41
    XIV. über die Treffner- und Flietzen-Alm nach Admont oder Trieben 42
    XV. auf den Reichenstein 43
    XVI. über die Neuburg-Alm nach Radmer 43

Admont 45
  Uebersicht 46
  A. **Sehenswürdigkeiten**:
    Das Stift Admont 47
  B. **Spaziergänge**:
    1. In die Eichelau 48
    2. zum Schlosse Röthelstein 48

		Seite
3. auf den Frauenberg		49
4. nach Weng (Buchau)		50
5. nach Hall		50
6. in die Mühlau		51
7. in den Rabengraben		51
8. zur Kaiserau		51
9. über die Kaiserau nach Trieben oder Rottenmann		52

C. Touren:
   I. Auf das Pyhrgas-Gatterl 54
   II. über das Pyhrgas-Gatterl nach Spital a. P. (Windisch-Garsten) 54
   III. auf den grossen Pyhrgas 55
   IV. auf den Scheiblingstein 55
   V. auf den Natterriegel 56
   VI. auf den Hexenthurm 57
   VII. auf den Hochthurm 59
   VIII. über das Grabnerthörl in die obere Laussa . . 59
   IX. über den Mühlauer-Sattel in die obere Laussa 59
   X auf den Bosruck 60
   XI. auf den Pleschberg 61
   XII. auf das Dürrenschöberl 61
   XIII. auf den Kalbling 62
   XIV. auf das Sparafeld 64
   XV. auf den Reichenstein 65
   XVI. über die Kaiserau, Flietzen- und Treffner-Alm nach Johnsbach 66
   XVII. auf den grossen Buchstein 67

Die Zweigbahn Hieflau-Eisenerz 67

Radmer.

A. **Eisenbahnstation Radmer** 68
Ausflüge:
   1. auf den Lugauer 68
   2. auf den Kaiserschild 69

B. **Radmer an der Stube** 70
Ausflüge:
   I. Auf den Lugauer 70
   II. auf den Kaiserschild 71
   III. über den Radmerhals nach Eisenerz 71
   IV. auf das Zeiritzkampel 72

C. **Hinter-Radmer** 72
   a) über die Neuburg-Alm nach Johnsbach . . . 72
   b) auf den Lugauer 73
   c) auf das Zeiritzkampel 73
   d) Uebergang nach Wald 73

	Seite
Eisenerz	74
Uebersicht	75

A. **Sehenswürdigkeiten**:
   a) Kirche St. Oszwald 75
   b) Schichtthurm 76
   c) Amtshaus mit Sammlungen 76
   d) Erzberg 76
   e) Hochöfen 79
   f) Hämmerlhaus 79

B. **Ausflüge**:
   1. Zum Leopoldsteiner-See 79
   2. in die vordere und hintere Seeau 80
   3. Geiereckweg 81
   4. Gradsteinweg 81
   5. nach Hinter-Erzberg 81
   6. in die grosse Fölz 81
   7. zur Gsoll-Alpe 81
   8. auf das Tulleck und die Donners-Alpe 81

C. **Touren**:
   I. Durch die Frauenmauerhöhle nach Tragöss . . 82
   II. über den Radmerhals nach Radmer 83
   III. über die Eisenerzerhöhe nach Wildalpen . . 83
   IV. über den Teichenecksattel nach Kalwang . . 83
   V. über den Präbühel nach Vordernberg . . . 83
   VI. auf den Kaiserschild 84
   VII. auf den Reichenstein . . . . , 84
   VIII. auf die Griesmauer 85
   IX. auf den Pfaffenstein 85

Einleitung.

as „Gesäuse" in engerem Sinne umfasst jenen Theil des Ennsthales, welcher bei dem Durchbruche der Enns zwischen Himbeerstein und Heindlmauer, nächst der Krumau beginnt und unmittelbar am engen Thalkessel von Hieflau endigt. Im Touristenmunde wird dieser Thalabschnitt gemeinhin als „Ennsthal" bezeichnet und dieser Theil mit den ihn umgebenden gewaltigen Berggruppen umfasst auch jenes Gebiet, welches dieser „Special-Führer" mit möglichster Gründlichkeit behandelt. Da jedoch, um dieses Werkchen nicht lückenhaft erscheinen zu lassen, auch die angrenzenden Berggruppen ebenfalls mit einbezogen werden mussten, so erscheint der Rahmen dieser Arbeit bedeutend weiter hinausgeschoben, als es der Titel eigentlich besagt. So umfasst derselbe auch noch das Gebiet von Gross-Reifling, sowie das Thal von St. Gallen mit Umgebung und als Anhang die Umgebung von Eisenerz. Letzteres einestheils, weil die Grenzen der Ennsthaler Berge bis nahe dahin reichen, anderntheils aber weil dies vom touristischen Standpunkte als kaum vom Ennsthale trennbar erschien, wie ja auch die Flügelbahn Hieflau-Eisenerz dieses Gebiet unmittelbar an das der Enns herangerückt hat. Daraus aber geht auch hervor, warum diese Theile nicht mit genau derselben Ausführlichkeit behandelt sind wie jene, welche das eigentliche Feld dieser Arbeit darstellen.

Allgemeines.

Das Gebiet, welches dieser Führer behandelt, umfasst fünf mächtige Gebirgsgruppen: a) die Buchsteingruppe, b) die Hallermauern, c) die Admonter Reichensteingruppe, d) die Hochthorgruppe und e) die Kaiserschildgruppe, von denen die beiden ersteren nach dem longitutinalen Systeme (nach Sonklar) den nördlichen Kalkalpen, die übrigen drei jedoch den Centralalpen und zwar jenem aus dem Thale der Enns und dem des Liesing- und Paltenbaches aufsteigenden und bis an die Mürz reichenden Centralalpenzweige angehören, da die Grenze dieser beiden Zonen, als welche die Enns erscheint, hier durchläuft. Nach der transversalen Eintheilung rangiren sie sämmtlich zu den Ostalpen. An landschaftlichen Schönheiten vereinigen sie in sich den grössten Reichthum der ganzen Steiermark, deren nördlicher Mitte ihre starren Felsgipfel entragen, während die nordwestlichen Hänge der Hallermauern zum Theile schon dem Erzherzogthume Ober-Oesterreich angehören.

Die **Gliederung** jeder einzelnen Gruppe ist eine stockartige mit zahlreichen Erhebungen über 2000 m, die Culmination des ganzen Gebietes ist die Hochthorspitze mit 2372 m.

Der **Charakter** des Gebirges ist alpin, mit vielfachen grossartigen Felsformationen, welche den sämmtlichen oberen Partien ein rauhes Gepräge verleihen. Die Thäler sind durchwegs mit üppiger Vegetation ausgestattet, zum grossen Theile breit und offen, von entzückender Schönheit.

Die **Wasserläufe** gehören sämmtlich dem Flussgebiete der Enns an. Die bedeutendsten sind von Norden nach Süden gehend, am linken Ennsufer der Laussabach, der Tamischbach und der Esslingbach; am rechten Ufer der Salzafluss, Erzbach und Johnsbach.

Die **Grenzen** sind kurz skizzirt folgende:

„Buchsteingruppe". Nördlich, östlich und südlich die Enns, westlich der Buchau- und Wengerbach. Culmination der „Gr.-Buchstein" 2224 m.

„Haller-Mauern". Oestlich Buchau und Wengerbach und die Enns bis zur Mündung des Laussabaches. Nördlich der Laussabach bis zum Hengst-Sattel, dann der Zeitschen- und Dambach bis zur Mündung des Teichlbaches; westlich der Teichlbach bis zum Pyhrnpass, dieser selbst und der Pyhrnbach; südlich die Enns. Culmination: „Gr. Pyhrgass" 2244 m.

„Reichenstein-Gruppe". Nördlich die Enns bis zur Mündung des Johnsbaches; westlich der Johnsbach, sodann der Sattel der Treffner-Alm und der Flietzenbach; südlich und östlich der Paltenbach bis zu seiner Mündung in die Enns. Culmination: „Reichenstein" 2247 m.

„Hochthor-Gruppe". Nördlich die Enns; westlich und südlich der Johnsbach bis zum Neuburg-Sattel; östlich der Radmer- (auch Hasel- und Stubbach) und Erzbach. Culmination: „Hochthorspitze" 2372 m.

„Kaiserschild- oder Fölzgruppe". Nördlich der Erzbach; westlich der Radmerbach und Finsterbach; südlich der Radmerhals- und Ramsaubach; östlich und nördlich der Erzbach bis zur Mündung des Radmerbaches. Culmination: „Hochkogel" 2106 m.

Die geognostischen Verhältnisse sind im grossen Ganzen ziemlich einheitliche. Die höheren und Felsregionen bestehen aus Dachsteinkalk, die Waldregion zumeist aus Dachstein-Dolomit. Ausserdem wäre noch zu erwähnen: Im südwestlichen Theile der Buchsteingruppe gegen die Hausmauer zu, sowie östlich (im Norden der Almmauer) kommt Gosau-Conglomerat vor. An den östlichen Hängen der Almmauer sowie im Waggraben finden sich Lager von Hierlatzkalk. Werfener-Schichten treten zu Tage: an der südlichen Seite der Reichenstein- Hochthor- und Kaiserschildgruppe, am Pleschberg bei Admont, endlich in den südlichen und nördlichen Niederungen der Hallermauern. Nördlich der Strasse von Gross-Reifling nach St. Gallen (Erbgraben) ohne bedeutende Erhebungen: Reiflinger Dolomit. In den Thälern ist zu nennen: Im Ennsthale von Admont bis Hieflau: Aluvium mit Torflagern bei Frauenberg; von Hieflau abwärts bis nach Altenmarkt: Terrassen-Diluvium. Im Thale der Buchau: südlich Tertiärschotter, nördlich Terrassen-Diluvium mit Lagern von Kalktuff. Endlich am Dörfelstein und im Rabengraben bei Admont: Rauchwacke. — Hinsichtlich der **Flora** und **Fauna** würde selbst das geringste Einlassen in Details weit über den Rahmen dieser Arbeit hinausgreifen. Wir müssen uns darauf beschränken, dass wir die Flora als eine sehr reiche, alpine bezeichnen und diesbezüglich besonders die Hochthorgruppe und die Hallermauern mit den Thälern der Enns und Laussa hervorheben. Mehr als in anderen Theilen der Alpen tritt hier das Herabsteigen der hochalpinen Flora bis auf die tiefsten Thalsohlen zu Tage, was auf den ungemein steilen Abfall der Höhen und dadurch vermehrte Herabbeförderung mittelst Gerölle und Wasser zurückzuführen ist. Namentlich tritt dies im Gesäuse am Fusse der Hochthorgruppe hervor, wo z. B. ein Spaziergang auf der Strasse von Gstatterboden nach Johnsbach reiche botanische Ausbeute liefert. Ein vielgesuchtes Kind Florens jedoch, der mattblinkende Stern des Edelweiss gedeiht hier nicht, dafür aber ist der wohlriechende Speik (*Valeriana celtica*) viel verbreitet. — Die Thierwelt entspricht im grossen Ganzen den übrigen Gebieten der nördlichen Kalkalpen. Reich belebt sind Fels und Wald von edlem Hochwild, die flüchtige Gemse bevölkert in selten grosser Zahl die höchsten, schwer zugänglichen Regionen und Hirsch und Reh durcheilen die dämmernden Forste, aber auch alles übrige Gethier ist in mannigfacher Form und Art vertreten und kann dem Forscher viel Interessantes bieten.

Zugang. Den Zugang in das Gesäuse vermittelt beiderseits die Kronprinz Rudolf-Bahn, welche dasselbe in seiner ganzen Ausdehnung durchmisst u. zw. von Norden über Amstetten (von Wien in 6—8 Std) oder St. Valentin; von Süden (respective Westen) über Bruck a. d Mur, Leoben und St. Michael; in Selzthal Anschluss von Bischofshofen und dem Salzkammergut. Schliesslich die Uebergänge. U. zw. nördlich: Buchauer Sattel mit der Strasse von St. Gallen und die Eisenerzer Höhe von Wildalpen; östlich: Prähbühel von Vordernberg (Leoben) und die Gebirgsübergänge über den Teicheneck-Sattel und beim Antonikreuz aus dem Liesingthale; südlich: die Strasse über den Lichtmessberg (Kaiserau) und der Almweg über die Treffner-Alpe, endlich westlich: das Pyhrgasgatterl.

Standquartiere, respective Einbruchstationen: Gr.-Reifling, Hieflau, Eisenerz, Gstatterboden und Admont. Von Gr.-Reifling schöne Strasse nach Wildalpe einerseits, nach St. Gallen andererseits; von Hieflau nach Radmer; von Gstatterboden nach Johnsbach; von Admont über Weng nach St. Gallen und Altenmarkt (Station Weissenbach).

Abkürzungen: n = nördlich; w = westlich; s = südlich; ö = östlich; WH. = Wirthshaus; m = Meter; Std. = Stunde.

Die **Entfernungen** sind in mittleren Gehstunden, die **Höhen** in Metern nach der Specialkarte des k. k. milit.-geogr. Institutes angegeben.

„**Literatur**". Ausser zahlreichen einschlägigen Publicationen in verschiedenen alpinen Journalen und Vereins-Jahrbüchern, sowie mehreren entweder unvollständigen oder schon veralteten Führern sind besonders erwähnenswerth: „Gustav Jäger's Führer auf der Kronprinz Rudolf-Bahn". Verlag des Jäger's Tourist, Wien 1876 (veraltet) und „Frischauf's Gebirgsführer", Verlag des Oesterr. Touristen-Club. Wien 1883. III. Auflage. Letzterer besser, aber nicht erschöpfend und eingehend genug. Dasselbe gilt von Band III der „Steirischen Wanderbücher". Schliesslich „Admont im unteren Ennsthale und seine Umgebung", von F. A. Kienast. Graz 1883. — Kartenwerke. Als Uebersichtskarte: Neueste Touristenkarte von R. Maschek. Wien 1873 (ergänzt bis 1883). Masstab 1 W. Z. = 1800 Wr. Klafter. Blatt 3. (Steyr, Waidhofen, Admont etc.); Specialkarte der österr.-ungar. Monarchie, herausgegeben vom k. k. militär-geogr. Institute (1 : 75.000). 2 Blätter. Zone 15, Col. XI und Zone 15, Col. XII; neueste und beste, einzig vollständige Karte endlich G. Freitag's Special-Touristenkarte der Ennsthaler Gebirge. 1 : 50.000. Wien 1884. Verlag von Artaria & Co.

Eisenbahnfahrt.

Die Kronprinz Rudolf-Bahn hat dem Verkehre eine lange Reihe der prächtigsten Naturschönheiten erschlossen, sie wird daher auch mit vollstem Rechte jenen Schienenstrassen zugezählt, deren Bereisung an und für sich schon reichen Genuss bietet. Und wahrhaftig, es sind wenig andere Dampfwege welche mit dieser Bahn bezüglich ihrer landschaftlichen Schönheiten auf gleiche Stufe gestellt werden können. Wir gedenken hier speciell nur jenes Theiles, den die Bahn in der oberen Steiermark durchfährt, wobei wir von den grossartigen Scenerien in Kärnten und Krain ganz abstrahiren und müssen sagen dass diese Partien zu den schönsten gehören, welche uns die vaterländischen Alpen bieten.

Wer von St. Valentin oder Amstetten bis über Gross-Reifling vorgedrungen ist, wer die wunderbar wechselnden Scenerien genossen, die gleich einem unendlichen Panorama an ihm vorübergezogen, wer die in vielfältiger Schönheit prangenden Bilder geschaut, welche die rauschende Enns mit ihren bald blaugrünen, ruhig dahinfliessenden, bald in leuchtenden Schaummassen wild thalab stürmenden Wogen, die herrlichen, smaragdenen Wiesen, die dunklen Wälder und die starrenden Felsen bieten, der wird eine Steigerung dieser grossartigen Bilder kaum noch für möglich halten. Und dennoch! Wenn wir den curvenförmigen Salza-Tunnel durchflogen, die brausende Enns übersetzt und die einsame Station Landl passirt haben, führt uns das Dampfross noch eine Weile in der rauhen Ennsschlucht dahin. Gleich nach dem kurzen Hieflauer Tunnel aber, bei der auf engem Raume in einem von steilen himmelanstrebenden Bergriesen eingeschlossenen Kessel gelegenen Station Hieflau beginnt jener Theil der Bahn, der, was Kühnheit und Grossartigkeit der Anlage und überwältigende Naturschönheit anbelangt, nur von ganz wenigen Schienenstrassen des Continentes übertroffen wird: Das „Gesäuse".

Hier sind auf einer circa fünf Gehstunden langen Strecke alle Grossartigkeiten einer wilden Gebirgslandschaft und alle Producte technischer Schaffenskraft des Menschen vereinigt, hier reiht sich Bild an Bild von so grandioser, überwältigender Wirkung, dass man kaum vermag, all dieser Herrlichkeit mit entsprechender Aufmerksamkeit zu folgen.

Gleich nach Hieflau, mit seinen rauchenden Hochöfen, dringen wir in das eigentliche „Gesäuse" ein. Eng rücken die dräuenden Bergkolosse aneinander, wild braust unten die eingezwängte Enns in ihrem steinigen Bette thalab, zu unserer Linken aber ragen unmittelbar himmelanstrebende, meist senkrechte Felswände, düstergrau gefärbt, empor: es sind die wilden Mauern des „Ennsbrand" und „Goldeck", rechts blicken der Brettspitz und Tamischbachthurm herab. Plötzlich öffnet sich links ein Felsthor, aus dem ein weisser Schaumbach in prächtigen Cascaden tosend hervorstürzt: Der „Hartlesgraben". Gleich nachher fahren wir in den Hochsteg-Tunnel ein. Die Scenerie hat hier einen Höhepunkt wildester Grossartigkeit erreicht! Beiderseits streben gigantische Felspfeiler, von rauhen Klüften und Schluchten zerissen auf; drunten tobt zornig die wilde Tochter der Berge, die mächtige Enns über ungeheure Felstrümmer dahin, und neben der hier in bewunderungswürdiger Kühnheit geleiteten Bahn, angeklebt an die starrenden Riesenwände führt die Gesäusestrasse, welche hier den Schienenweg übersetzt und längs des Tunnels über seiner Decke dahinzieht. So bleibt die wilde Umgebung — die Thalenge hier heisst „im Kummer" — bis nach Passirung der in eleganter Eisenconstruction ausgeführten „Kummerbrücke". Die rauhen Wände treten etwas zurück, da erblicken wir plötzlich die in imponirenden Steilwänden aufstrebende, markant geformte Planspitze (links) und das wuchtige Felsmassiv des Grossen Buchstein (rechts). Nunmehr schlängeln sich Bahn und Strasse hart nebeneinander an der sanfter gewordenen Enns durch die sogenannte „Ennsflur" dahin, und unmittelbar danach halten wir in der Station Gstatterboden.

Ueber die zauberhafte Schönheit dieser wie eine liebliche Idylle in diese grossartige Wildniss eingestreute winzige Ortschaft sprechen wir an anderer Stelle und lassen wir uns von dem brausenden Dampfrosse weiter dahin führen. Während unser Auge noch in staunender Bewunderung an den düsteren Riesenwänden, an den wilden Felszinnen der nunmehr (links) sichtbaren Hochthorgruppe mit der Planspitze, Rosskuppe, dem Hochthore und Oedstein haftet, wird auch die nähere Umgebung wieder rauher und wilder. In kolossalen Curven umfährt und durchbricht die Bahn die ragenden Felspfeifer, darunter sucht die Enns in unzähligen Windungen ihr steiniges Bett und wälzen ungebärdige Wildbäche ihre weissschimmernden Schuttmurren in den Thalgrund. So links der mächtige Johnsbach und rechts, nachdem wir die senkrechten und glatten Abstürze des „Bruckstein" passirt haben, der aus wilder Felsschlucht hervorbrechende Brucksteinbach. Dem Thale entlang blickend, bald links, bald rechts von dem an dem Bruck- und Ritschengraben (rechts) vorüber brausenden Eisenbahnzuge, gewahren wir den dreizackigen kühnen Felsbau des Reichenstein und daneben die schlanke Zinne des Sparafeld. Jetzt versperren abermals ungeheure, direct aus den Fluthen der Enns aufstrebende Riesenwände, links die Heindlmauer, rechts der Himbeerstein das Thal Mit unglaublichem Getöse überstürzen die donnernden Wogen die mächtigen Felsblöcke — dem Auge ein prächtiges Bild gewährend. Die Bahn übersetzt hier zum zweitenmale die tosenden Fluten auf schöner Eisenbrücke mit gemauerten Pfeilern, um unmittelbar hernach in den Heindl-Tunnel einzufahren.

Wieder an das Tageslicht getreten, ist wie mit einem Zauberschlage die ganze Scenerie total geändert, die rauhen Felsen treten zurück, mit smaragdenem Grün decken üppige schwellende Wiesen den breiten Thalgrund, aus welchen lieblich zerstreut, einzelne Häuschen und Gehöfte grüssen. Die Bahn führt nun nahe am Rande des links den Hang bedeckenden Waldes dahin, jenseits tauchen nach und nach die schimmernden Kalkzinnen der Hallermauern auf und rückwärts blickend gewahren wir die mächtige Felsbastion des Buchstein und rechts davon den grandiosen Hochthorzug mit seinen vielfach zerrissenen Gipfeln. Gleich hernach aber erhebt sich vor uns in edlen, schlanken Formen das prächtige Münster von Admont, rechts grüsst das lieblich gelegene Weng herüber, daneben erblicken wir ein weitläufiges Gebäude, den Grabnerhof. Nun erscheint in breiter Thalbucht, am Fusse der vielzackigen Hallermauern gelegen, Hall, und da wir noch nach all den Herrlichkeiten ausblicken, fährt der Zug schon in den Bahnhof von Admont ein.

Touristischer Theil.

1. Gross-Reifling;
2. Hieflau;
3. Gstatterboden;
4. Admont;
5. Eisenerz (mit Radmer).

Gross-Reifling.

Der uralte, auf engem Raume an der Mündung des Tamischbach zusammengedrängte Ort besitzt eine prachtvolle Lage. Das Stationsgebäude, von dessen Perron man einen schönen Rundblick geniesst, liegt hart an der Enns, gleich dahinter erhebt sich auf einem Hügel die altersgraue, aus dem Jahre 1508 stammende einfache Kirche St. Nikolaus (in derselben befindet sich ein werthvolles Oelgemälde, welches angeblich von Lukas Kranach's Meisterhand herrühren soll), sowie ein ebenfalls sehr alter Schuttkasten. Ausserdem sind noch zu erwähnen: das stattliche Amtshaus der Forstverwaltung und ein grosser neuer Schuttkasten der Oesterr. Alp. Montan-Gesellschaft. Zwischendurch windet sich eiligen Laufes der Tamischbach und über den zumeist alterthümlichen Gebäuden erheben sich die schroffen Felsbastionen des gegen diese Seite zu in grossartigen Felswänden abstürzenden Tamischbachthurm.

Gross-Reifling besitzt für den Touristen um so grösseren Werth, als es einerseits als Ausgangspunkt für sehr lohnende und grossartige Touren in das Gebiet der Buchsteingruppe dient und von hier aus eine schöne Strasse über den Erbsattel nach St. Gallen führt; andererseits aber hier die aus dem, an prächtigen Naturschönheiten reichen Gebiete des Hochschwab kommende Salza in die Enns einmündet, an welcher die schöne Strasse über Palfau und Wildalpen nach Weichselboden geleitet.

Gasthäuser: Baumann's Gasthaus (gleich an der Bahn), einfach und gut; Gutjahr's Bergwirthshaus; beim Postmeister Krenn Fahrgelegenheiten nach allen Richtungen.

Führer: Autorisirte Bergführer existiren keine, man erhält jedoch durch freundliche Vermittlung der Forstverwaltung, wenn irgend möglich, einen Holzknecht oder Köhler.

A. Spaziergänge:
1. Zur Rochusgrotte, siehe unten;
2. nach Landl, (³/₄ Std), siehe unten;
3. nach St. Gallen (und Ausflüge von dort), 2 Std., siehe unten;
4. Route nach Palfau und Wildalpen.

B. Touren:
5. Tamischbachthurm, 5 Std. leicht, Seite 10;
6. kleiner Buchstein, circa 6 Std., sehr schwierig, Seite 11.

Schilderungen:
A. Spaziergänge:
ad 1. **Zur Rochusgrotte.** Die Enns wird überschritten und nördlich steil zum Ditriechshag (Ausläufer des Kerzenmandl) hinauf gestiegen, daselbst eine Grotte welche nach dem Volksglauben allen Jenen, welche durch Heraufschleppen eines mehr oder weniger schweren Holzklotzes Busse thun, Heilung für alle möglichen körperlichen Gebrechen gewährt. In der Nähe köstliche Quelle.

ad 2. **Nach Landl.** (³/₄ Std.) Hübscher Spaziergang. Auf der Strasse an den Kalksteinbrüchen vorbei, um den Fuss des Lechenberges — gegenüber die Mündung der Salza in die Enns — herum und auf den flachen Thalboden mit der kleinen, zerstreuten Ortschaft Landl in sehr hübscher Lage. Die Enns fliesst in rauher tiefer Schlucht dahin, rechts und links jedoch breiten sich grüne lachende Gehänge, eingerahmt von hochaufstrebenden Waldbergen aus, und zahlreiche Häuser und Gehöfte beleben das prächtige Grün. (Im Orte zwei gute Gasthäuser: Röttenmanner, Oberleitner.)

Den Rückweg kann man nun *a)* über die Hackenschmiede nehmen, zu welchem Behufe man im Thaleinschnitte zwischen Lechen und Kirchberg (Vorberg der Almmauer) auf gutem Fahrwege zu den Hütten „am Uebergang" und jenseits hinab in das Tamischbachthal zur Hackenschmiede, sodann auf der St Gallener Strasse zurück nach Gr.-Reifling gelangt. (Von Landl 1 Stunde, sehr lohnend.)

b) Auf der Strasse gegen Hieflau 10 m weiter, sodann links hinab zur Enns und über die Brücke zu der am jenseitigen Ufer gelegenen Haltestelle „Landl" (weiter siehe Seite 11).

ad 3. **Nach St. Gallen.** (2 Std.) Sehr lohnend. Gleich hinter Gr.-Reifling rücken die Thalwände des Tamischbachthales ganz nahe zusammen und bilden, von rauhen, steilen Felswänden unterbrochen, eine prachtvolle Thalenge durch welche sich die schöne Strasse, mehrfach den brausenden Bach überbrückend, aufwärts windet und zu der am Ausgange des

Tamischbachgrabens romantisch gelegenen Hackenschmiede führt. Nunmehr wendet man sich sanftansteigend an dem Mühlbauer und einigen anderen Gehöften vorüber in dem sanfteren oberen Theile aufwärts zum Erbsattel (676 m) — daselbst einfaches Gasthaus — und jenseits durch den von zahlreichen Wohnstädten belebten Erbgraben — siebenmal den Bach überschreitend zur Häusergruppe Steinberg, von wo man einen prächtigen Ueberblick über das reizend gelegene St. Gallen mit dem auf der rechtsseitigen Thalwand thronenden Ruine Gallenstein geniesst und gleich hernach den Bill-(Buchau-) Bach übersetzt und nach St. Gallen gelangt. (Milchbauer, Lebzelter.)

Von St. Gallen:

a) Auf der Strasse durch die Buchau nach Weng und Admont (4 Std) lohnende Thalwanderung. Siehe Seite 50.

b) Thalab in ½ Std. zur Enns und Station Weissenbach—St. Gallen.

c) Zur Säge in der Laussa: 1. Durch den romantischen Spitzenbachgraben, welcher prachtvolle Felsklammen mit sehr hübschen Wasserfällen besitzt, in 2 Std. zur Sauboden-Alpe, sodann den Sattel überschreitend in ³/₄ Std. zu den Grabenbauerhütten, hinab in das Laussathal und links aufwärts zur oberen Säge (³/₄ Std.).

2. Durch das Buchauthal (Oberreit) in 40 Min. zum Ausgang des Schleichgrabens, anfangs längs des Baches an mehreren Häusern vorbei auf gutem Fahrweg zu den Alpsteigerhütten am südlichen Thalgehänge (gegenüber schöne Felspartien des Rabenkogels) nun links weiter — der Bach bleibt tief unten — steil über einen Kamm, dann rechts hinab, den Graben überquerend und hinauf zur Admonter-Höhe (Alphütten) in 1¼ Std. Hübscher Anblick der Haller-Mauern. Jenseits hinab längs des Grabens an mehreren Almen vorüber, in 1¼ Std. zur oberen Säge in der Laussa.

d) Auf das Maiereck. 1763 m. (3 Std.), sehr lohnend, leicht. Wie vorhin *c*) 1 in 2 Std. durch den Spitzenbachgraben zu den Saubodenhütten, nun hinter den Hütten durch steilen Wald und struppiges Gehölz in 40 Min. auf das kleine Maiereck und von dort über weiche Matten längs des Kammes auf das Grosse Maiereck 20 Min. Prachtvolle Rundsicht auf die gesammten Ennsthaler Gebirge, insbesondere Buchstein-Gruppe und Haller-Mauern, sowie jenseits Priel-Gruppe und Sengsen-Gebirge. Hübsche Ansicht des St. Gallener Thalkessels.

Abstieg südlich über weichen Rasenboden zur Admonter-Höhe und von dort wie *ad c*) : östlich in das Buchauthal, westlich in die Laussa.

e) Auf den Grossen Buchstein 2324 ᵐ. (4¹/₂ bis 5 Std.) Auf der Strasse längs des Buchaubaches aufwärts zum Eisenzieher Wirthshaus 1 Std. und von dort auf den Gipfel in 3¹/₂—4 Std., siehe Seite 67 *ad XVII.* (Leichtester Anstieg.)
f) Auf den kleinen Buchstein. 1934 ᵐ (ca. 5 St), sehr schwierig, nur für sehr geübte Kletterer. Thalaufwärts in 1 Std. zum Eisenzieher Wirthshaus, von dort in den zwischen Stelzenmauern und Kleinen Buchstein herabziehenden Graben durch Wald steil aufwärts auf gutem Steige bis zu einer Schuttriese, nun links über einen Kamm in den Kien-Graben und auf den Kien-Sattel am Looskogel-Kamm. Auf diesen letzterem sodann aufwärts bis an den Fuss der Felsmauern und über diese wie *ad V*, Seite 27 auf den Gipfel. — Abstieg längs des Grates an der Tieflimauer vorüber zur Egger-Alm und nach Gstatterboden, siehe Seite 27.

ad 4. **In das Gebiet der Hochschwab-Gruppe.** Auf der Strasse längs der Salza aufwärts nach Palfau und Wildalpen (5 Std.) sehr lohnende Thalwanderung; zahlreiche Seitentouren. Wagen beim Postmeister Krenn.

ad. 5. **Auf den Tamischbachthurm.** 2034ᵐ (5 Std.) leicht, sehr lohnende Tour — grossartige Fernsicht. — Man wandert längs des Tamischbaches (wie *ad 2*) zur Hackenschmiede (20 ᴹⁱⁿ) wo man die Strasse verlässt und links in den Tamischbachgraben einbiegt. Ein guter Weg führt längs des Tamischbaches an mehreren Häusern, immer an der linken Thalwand bleibend, in 1¹/₂ Std. zu der prachtvoll gelegenen Krenbauer (Gigal)-Alm. Der tiefe Thalkessel wird umspannt von den grossartigen Steilwänden der Almmauer und des Tamischbachthurm und sind es besonders die gigantischen Abstürze des letzteren, welche dem Bilde ein imposantes Gepräge verleihen. Weiter geht man nun rechts am Fusse der Wände und am Rande der mächtigen Schutthalden aufwärts zum Bärensattel (1¹/₄ Std.), von wo zwei Wege zu Gebote stehen, *a)* vom Sattel rechts aufwärts um den felsigen Treibriegel herum zur Egger-Alpe (³/₄ Std) und von dort über den Kamm in 1¹/₄ Std. auf den Gipfel oder direct südlich gegen die Wände und durch dieselben steil hinauf zur kleinen Schnecke (³/₄ Std.), sodann längs des Kammes in 1 Std. auf den Gipfel wie *ad III*, Seite 25.
Von der Egger-Alm hinab nach Gstatterboden siehe Seite 26.
Von der Krenbauer-Hütte (Gigal-Alm) führt auch östlich ein schmaler Gangsteig steil hinauf zur Einsattlung zwischen dem Tamischbachthurm und der Almmauer, woselbst ein Jagdhaus steht. Südwestlich weitersteigend hat man zunächst einen Vorgipfel zu umgehen, um sodann über einen schmalen Kamm steil gegen den hier fast senkrecht er-

scheinenden Gipfel anzusteigen. Nun auf ziemlich breiter Terrasse rechts unter dem Gipfel durch auf den westlichen Gipfel-Kamm und links zum Gipfel. (Dieser Anstieg ist bedeutend mühsamer und etwas länger als der vorige).

Von dem Jagdhause kann auch die Almmauer erstiegen werden; ausserdem Abstieg auf schlechtem Wege durch das Sperrn-Kaar nach Hieflau (nicht anzurathen).

ad 6. **Auf den Kleinen Buchstein** 1994 m. (5—6 Std), sehr schwierig, nur für ganz geübte Kletterer. Man benützt wie *ad* 3, Seite 8 die nach St. Gallen führende Strasse bis zur Mündung des Mühlgrabens ($^3/_4$ Std), in welchen man einbiegt. Nun längs des Baches sanft aufwärts — bei der Grabentheilung rechts — zu der Bruckwirthalpe, immer das kühne Horn des Kl. Buchstein im Vordergrunde. Der Weg führt noch weiter, zuletzt steiler hinauf zu einer einsamen Halterhütte. Nun entweder im Graben weiter durch struppigen Wald, zuletzt Krummholz, mühsam hinauf in das öde, trümmerreiche Mühlkaarl bis an die senkrechten Gipfelwände, dann um dieselben rechts herum auf den nächsten Kamm und auf den Gipfel wie *ad* V, Seite 27, oder von der Hütte weg rechts, ebenfalls mühselig durch sehr steilen Wald auf die Schneide des Otterriegel (die Schreibweise Aderriegel der Generalstabskarte ist falsch) und längs derselben ein Stück aufwärts, sodann rechts hinüber gegen den zum Looskogel abfallenden Kamm, auf welchem man bis an die Gipfelwand aufsteigt. Auf den Gipfel sodann wie oben.

Landl.

Die Haltestelle **Landl** liegt unmittelbar an der Enns welche hier in einförmigem, tiefem Einschnitt dahinbraust; beiderseits führen Fahrwege hinauf in die lachende Thalweite. Die Ortschaft Landl, eine kleine zerstreute Gemeinde, liegt am linken Ufer der Enns, am nördlichen Fusse der mächtigen Almmauer in lieblicher Umgebung. (In Landl zwei Gasthöfe: Rottenmanner, Oberleitner.) Am rechten Ennsufer breitet sich das ungemein anmuthige, aus smaragdgrünen Wiesen und Feldern, von lieblich zerstreuten Gehöften und Häusern bestandene **Mooslandl** aus Von der Haltestelle quer über die Flur in $^1/_4$ Std. zum Mooswirth an der Lainbacherstrasse. (Gut.)

a) **Von Landl nach Gr.-Reifling** siehe dort (S. 8), ausserdem noch längs des rechten Ufers abwärts bis zur Mündung der Salza, dann über dieselbe auf die Palfauerstrasse und zurück über die Enns nach Gr.-Reifling (1 Std)

b) **Nach Laisbach** ($^1/_2$ Std.), kleiner Ort mit einfachem Schlosse in hübscher Lage am Ausgange des Schwabelthales.

Aus dem Schwabelthale rechts hinauf auf den Jägersattel und jenseits hinab nach Hieflau (3 Std.), siehe Seite 15. Ausserdem durch das Schwabelthal sehr schöne Thalwanderung, sodann links über die Winterhöhe nach Hinterwildalpen (4 Std.) oder Seitentour rechts auf die Kalte Mauer 1926 m (schöne Rundschau) und jenseits hinab in die Hintere Seeau und zum Leopoldsteinersee.

c) **Nach Gams** ($1^1/_4$ Std.), lohnendster Ausflug von Landl. Von der Haltestelle zum Mooswirth und sodann auf der schönen Strasse weiter. In Gams gute Gasthäuser. (Schweyer.)

Von Gams: a) In die Noth ($^1/_2$ Std.), prachvolle Klamm mit meist senkrechten Wänden, an denen der Steig vermittelst eiserner Klammern und Träger hinführt, darunter der brausende Gamsbach thalab stürmt.

b) Besuch der jetzt vielgenannten Krausgrotte vulgo Annerlbauerloch, mit hübschen Tropfsteingebilden. Die Besichtigung der recht interessanten Höhle ist jetzt ausserordentlich erleichtert und seit 1883 auch elektrische Beleuchtung eingeführt, was gewiss zur Erhöhung des Besuches wesentlich beitragen wird.

Rückweg entweder a) östlich, den Stickelbauerkogel rechts lassend, fast eben zum Kaiserbauer, dann durch Wald hinab gegen die Salza und längs den nördlichen Abhängen der Steinwand thalab zur Salzabrücke (über dieselbe und später die Enns überschreitend nach Gr.-Reifling $1^1/_2$ Std.), sodann links herum zum Salzabauern und ennsaufwärts zur Haltestelle $1^3/_4$ Std.; oder b) auf der Strasse nördlich weiter längs des Gamsbaches hinab zur Salza, welche auf dem Tausendguldensteg überschritten wird, und sodann auf der Palfauerstrasse nach Gr.-Reifling ($1^1/_2$ Std.)

d) **Auf die Jodlbauer-Alpe** ($^3/_4$ Std), angenehmer und lohnender Spaziergang. Vom Orte Landl weg südlich auf bequemen Fahrweg oder bei der Haltestelle die Enns auf der Bauernbrücke übersetzend, zur Strasse und direct durch den Graben hinauf zu der von kleinem mattengeschmückten Plateau gelegenen Alpe. Von dem etwas höheren Punkte zunächst nördlich prachtvoller Ueberblick auf das Ennsthal und Theile des Salzathales, rückwärts die Almmauer und Tamischbachthurm.

Abstieg südwestlich über die Busenlechner-Alm in den Tamischbachgraben und zur Hackenschmiede, von dort entweder durch das Thal hinaus nach Gr.-Reifling oder über den „Uebergang" zurück nach Landl. Dieser Abstieg ist zwar bedeutend weiter, aber sehr lohnend.

Hieflau.

Der ziemlich alte Ort mit ca. 800 Bewohnern ist an der Mündung des Erzbaches und dem östlichen Ausgange des wildromantischen Gesäuses gelegen. Von der Ennsseite aus gesehen, macht derselbe mit seinen rauchenden Hochöfen und berussten Häusern im Einklange mit den dunklen Farbentönen des engen Thalkessels einen düsteren, beinahe unfreundlichen, aber grossartigen Eindruck. Die unmittelbar hinter dem Stationsgebäude aufstrebenden mächtigen Cyclopenmauern zum Schutze gegen das bröcklige Alluvium bezeugen uns, dass der Platz für den Schienenstrang und die Baulichkeiten erst mit harter Mühe den Bergen abgerungen werden mussten. Gleich neben den Gebäuden durchbohrt die Eisenerzer Flügelbahn den vorspringenden Wagriegel in einem Tunnel und um denselben herum führt die Strasse nach dem Orte, der nunmehr mit seinen den Erzbach entlang, malerisch gruppirten Gebäuden ein ganz anderes, recht gewinnendes Bild bietet. Das Thal ist hier nämlich ziemlich weit, leuchtende Wiesen wechseln mit prächtigen Wäldern, von denen sich die verstreuten, meist sehr reinlichen und theils auch umfangreichen Gehöfte äusserst vortheilhaft abheben. Hieflau wird hauptsächlich von Beamten und Arbeitern der „Alp. Montan-Gesellschaft" bewohnt, wie ja auch seine einzige Industrie in der Verschmelzung des zugeführten Erzes besteht und vordem eine grosse Bedeutung besass.

Wenn auch für Touristen kein Ausgangspunkt ersten Ranges, bietet Hieflau dennoch eine ansehnliche Zahl recht hübscher Ausflüge in das Gebiet der östlichen Hochthorgruppe (Lugauer) und des Tamischbachthurm. Andererseits aber ist es wichtig, als Einbruchstation sowohl nach Eisenerz und Radmer, als auch für das unmittelbar hier mündende Gesäuse.

Gasthöfe: Steuber „Zur Post" und Steinberger's Gasthof, beide einfach und gut, letzterer geräumiger.

Führer: Autorisirte Führer bestehen keine, doch ist leicht ein Köhler oder dergleichen zu erfragen.

A. Sehenswerth:
1. Kirche St. Johann Baptist, sehr alt, einfach.
2. Drei Hochöfen mit den entsprechenden Nebenwerken. Hochinteressant ist das alle zwei Stunden erfolgende Ablassen des geschmolzenen Erzes, insbesondere zur Nachtzeit.
3. Grosser, über 200 m langer Holzrechen, angeblich aus dem 16. Jahrhundert stammend.

B. Spaziergänge:
  a) In den Waggraben $^1/_4$ Std.;
  b) auf den Wagriegel $^1/_2 - ^3/_4$ Std.;
  c) auf den Eckstall $^1/_2$ Std.;
  d) zur Sattelboden-Alm 1 Std;
  e) auf den Jägersattel $1^1/_2$ Std.
C. Touren:
  I. In den Hartlesgraben (3 Std.), leicht;
  II. durch den Hartlesgraben und Sulzkaar, über den Sulzkaarhund nach Johnsbach (ca. 7 Std.), leicht;
  III. durch den Hartlesgraben und über den Hüpflingerhals zur Neuburg-Alm (Johnsbach oder Hinter Radmer), leicht, (ca. 5 Std.);
  IV. auf den Lugauer $3^1/_2 - 4$ Std., einfach, nur im letzten Theile kurze Kletterei, sehr lohnend;
  V. auf den Tamischbachthurm 4—5 Std., verschiedene Routen, sehr lohnend;
  VI. auf den Hoch-Zinödl $4^1/_2$ Std.; leicht, sehr lohnend.

Ausserdem Fusspartie durch das Gesäuse, sehr lohnend! Grossartigste Thalbildung der ganzen Steiermark. Nach Gstatterboden $2^1/_2$ Std., von dort nach Admont 3 Std. Siehe Eisenbahnfahrt Seite 4.

B. Spaziergänge:
  ad a) **In den Waggraben.** $^1/_4$ Std. Man übersetzt die Bahn gleich neben dem Rangir-Bahnhofe (gegenüber von Steinberger's Gasthof) und betritt den sich hier breit öffnenden Waggraben. Gleich oberhalb der ersten Häuser in kleiner Schlucht der sogenannte „Wasserfall" (unbedeutend).
  ad b) **Auf den Wagriegel.** $^1/_2 - ^3/_4$ Std. Wie vorhin, man wendet sich jedoch gleich nach Uebersetzung der Bahn zwischen üppigen Wiesen rechts aufwärts dem mit smaragddenen Matten geschmückten, sanft geneigten Plateau des Wagriegel zu (20 m). Von hier aus schöner Ueberblick auf den sich ausserordentlich lieblich repräsentirenden Ort Hieflau mit der uralten Kirche und den jenseits imposant aufstrebenden Tamischbachthurm. Noch etwas aufwärts gelangt man auf den Wagriegel (hübscher Abblick auf die Vereinigung des Erzbaches und der Enns), sodann durch Wald hinab in das Gesäuse (im Ganzen $^3/_4$ Std.); zurück nach Hieflau $^1/_4$ Std.
  ad c) **Auf den Eckstall.** $^1/_2$ Std. Der Schieferkogel setzt südwestlich seinen in Felsen abbrechenden Fuss gegen Hieflau an die Enns vor und ist der Eckstall der äusserste Vorsprung, der von der Bahn mittelst des 168·7 m langen Hieflauer Tunnel durchbrochen wird. Von demselben prachtvoller Anblick des Thalkessels von Hieflau und der darüber sich erhebenden Gesäuseberge, insbesondere der Planspitze.

ad d) **Zur Sattelboden-Alm.** 768 m. Dieselbe liegt auf der Einsattlung zwischen dem Goldeck und Ennsbrand; man geht wie bei *a*) in den Waggraben, sodann im Thaleinschnitt fort bis zu den Holzknechthütten, hier Wegtheilung; links führt ein Weg zur Scheicbeck-Alm, geradeaus ein Holzknechtweg, rechts unser Weg; theilweise etwas steil auf das hübsche Plateau mit den primitiven Alphütten (1 Std.). Von demselben sehr schöner Anblick des Tamischbachthurmes und der näheren Umgebung Hieflau's.

ad e) **Jägersattel.** Man wandert hinter der Kirche in den zwischen Schieferkogel (links) und Dürrenkogel (rechts) herabziehenden Graben, an mehreren Gehöften und Kohlstätten vorüber; weiter rückwärts sodann an der linken (südlichen) Seite des Grabens auf den breiten Sattel (1½ Std.). Prachtvoller Einblick in das Gesäuse, besonders schöner Anblick der Planspitze. Vom Jägersattel auf den Dürrenkogel (15—20 Min.) oder nördlich hinab in das Schwabel-Thal und nach Lainbach (Landl) ca. 3 Std.

C. **Touren:**

ad 1. **In den Hartlesgraben.** (3 Std.) Sehr lohnende genussreiche Tour. Man wandert von Hieflau im Gesäuse aufwärts bis zur Mündung des Hartlesgrabens, woselbst die Strasse den Fluss übersetzt, und überschreitet die Bahn (1 Std.). Grossartiger Anblick: Tief hat hier der mächtige Bach sein Bett in die Felsen eingenagt, mit donnerndem Getöse drängen die wüthenden Wogen abwärts, zwischen den Felsblöcken durch oder dieselben in rasender Eile überstürzend, während auf einigen ungeheueren Steincolossen eine Holzknechthütte und eine aus schwersten Stämmen aufgeführte Schleusse wie Vogelnester kleben. Der jetzt ausgezeichnete Steig führt nun links aufwärts über steile, steinige Hänge und nähert sich erst weit oben wieder der steilansteigenden Grabensohle. Auf zahlreichen schmalen Stegen wiederholt den Bach überschreitend, gelangen wir an einen Staubfall, der aus luftiger Höhe seine weissen Schaummassen zur Tiefe herabsendet, dass der feuchte Staub weit hinausdringt und als reichlicher Thau an Bäumen und Büschen haften bleibt. Gleich nachher gelangt man zu einem zweiten und später dritten Fall. Letzterer bricht aus einem Loche in einer hohen glatten Felsmauer hervor und stürzt in hohem Bogen donnernd in die Tiefe nieder. Nunmehr schliesst mächtiger Urwald sein Dach über den Thalgrund, wo sich unser Pfad zwischen riesigen, halb vermoderten Baumstämmen und üppigen Farnen emporwindet. Nach einer Holzknechthütte gelangen wir auf eine kleine im Walde versteckte Wiese, den „Höllboden", daselbst zwei bedeutende

Wasserfälle im Hintergrunde, deren Wassermassen dem kurz oberhalb ausmündenden Sulzkaare entströmen. Gleich nachher erreichen wir die auf breiter Wiese gelegene Häusergruppe mit dem Jägerhaus. (Hier im Nothfalle Nachtlager). Von Hieflau bis hieher 3 Std.

Den Rückweg nach Hieflau kann man nunmehr durch den Waggraben direct oder über den Polster und die Scheuchegg Alm, sodann durch den Waggraben einschlagen. Zu ersterem Zwecke verfolgt man den von den Häusern, erstlich ein Stück gegen die Enns zurückführenden, schönen Fahrweg, gelangt sodann auf einen waldigen Sattel (zwischen Goldeck und Polster) und jenseits durch den Waggraben nach Hieflau ($1^{1}/_{2}$ Std.) — um auf den Polster, eine wiesenbedeckte Vorstufe des Lugauers, zu gelangen, verfolgt man den Hartlesgraben etwa $^{1}/_{4}$ Std. weiter nach aufwärts und wendet sich sodann links in die erste grabenartige Verschneidung, durch welche man steil aufwärts an den Halterhütten vorüber auf die morastigen Wiesen der Polsterhöhe gelangt. Von dem Zaungatterl, welches überstiegen wird, erblickt man die etwa 10 ^{m} nordöstlich gelegene Scheuchegg-Alm, zu welcher ein ganz unkenntlicher Pfad durch sehr sumpfigen Wald führt; die Richtung ist indess nicht mehr zu verfehlen (vom Jägerhaus 1 Std.). Von der Scheuchegg-Alm nach Hieflau *ad IV.*

ad II. **Durch das Sulzkaar und über den Sulzkaarhund nach Johnsbach.** Bis zum Jägerhaus im Hartlesgraben *a)* durch den Hartlesgraben (siehe *ad I*) 3 Std., *b)* durch den Waggraben bis zum Sattel und jenseits in den Hartlesgraben 2 Std., letzterer Weg jedoch weit weniger lohnend. — Das Jägerhaus verlassend, überqueren wir den Bach und steigen jenseits (W.) auf steilem Serpentinenweg zur breiten Mündung des Sulzkaares hinauf. Anfänglich durch einzelne Waldpartien, später aber über weichen Rasenteppich, zuletzt ganz eben hinschreitend, erreichen wir nach $1^{1}/_{4}$ Std. die Halterhütten. Unweit davon ein kleiner See; vom Rande desselben schönste Rundschau. Das Sulzkaar ist einer der grossartigsten Gebirgskessel, eingeschlossen vom Zinödl und den Seemauern. Nördlich bauen sich die wildzerrissenen Hochmauern zum Zinödl auf, dann folgt ein tiefer, rasenbedeckter Einschnitt mit einem mächtigen Felsblocke, der mit Zuhilfenahme einiger Fantasie einem lauernden, sprungbereiten Hund ähnelt, dem „Sulzkaarhund"; daneben ein röthlich gefärbter Felsobelisk, der „Rothofen", und nunmehr folgen die durch ihre horizontale Schichtenlage auffallenden Seemauern mit den beiden Brunnböden — im Ganzen ein grandioses, stimmungsvolles Bild. — Von den Halterhütten führt nun unser Pfad zurück an den Thalschluss und in bequemen Serpentinen zum „Sulzkaarhund" hinauf ($^3/_4$ Std.). Jenseits über die obere und untere Koder-Alm hinab nach Johnsbach siehe *ad. IX*, Seite 34 Von Hieflau ca. 7 Std.

ad III. **Durch den Hartlesgraben auf den Hüpflinger-Hals** (1697 m) **und zur Neuburg-Alm** (ca. 5 Std.) Vom Jägerhaus verfolgt man den Hartlesgraben, der nunmehr meist breit und offen erscheint, weiter aufwärts an einer Köhlerei vorüber zur schön gelegenen Hüpflinger-Alm, woselbst rechts das „Gsuch-Kaar" herabzieht. Hier verengt sich der Graben neuerdings und bilden starre Felsen seine Wände, an denen der nach links abbiegende Pfad steil zum „Hals" hinauf führt. Die Aussicht ist nicht sonderlich umfassend. Jenseits gelangt man in 20 Min. zur Neuburg-Alm, auf sumpfigem Plateau. (W. nach Johnsbach 2 Std. — Ö. nach Hinter-Radmer $1^1/_4$ Std.). Empfehlenswerth ist diese Tour nur Jenen, welche vom Gesäuse direct nach Hinter-Radmer zu gelangen wünschen, ohne Hieflau zu berühren. W. abwärts gelangt man durch herrliche Waldbestände, an mehreren Hütten vorüber, in $1^1/_2$ Std. in den breiten Thalkessel des rückwärtigen Johnsbachthales mit dem Jagdhause, Wolfbauern-Gehöfte (rechts oberhalb Wasserfall) und Kölbl-Wirthshause. $^1/_2$ Std. weiter Donner-Wirth bei der Kirche. — Ö. führt der Weg sanft aufwärts in $^1/_4$ Std. zum Neuburg-Sattel und jenseits anfänglich an zwei Almhütten vorbei, dann durch den Wald in 1 Std. hinab zum „Schlössl " in der Hinter-Radmer. W. H.

ad IV. **Auf den Lugauer** (2205m) 4 Std. Sehr lohnende, wenig beschwerliche Tour, nur im letzten Theile kurze Felskletterei (leicht). Man geht entweder im Orte fort und benützt die Strasse bis (nach der Uebersetzung des Erzbaches) zu der rechts (südlich), am Eingang des Waggrabens gelegenen Ziegelei — oder man übersetzt die Bahn gleich neben dem Rangirbahnhofe, wendet sich jedoch bei den ersten Häusern scharf nach links und gelangt ebenfalls zu der oben erwähnten Ziegelei, woselbst man den Waggraben betritt. Der schöne, breite Fahrweg führt stellenweise steil, im Ganzen aber mässig ansteigend, durch schönen Waldbestand, an mehreren reizend im Walde versteckten Köhlereien vorüber, aufwärts, wobei man sich stets links zu halten hat. Erst ganz am Thalschlusse verlässt man den Fahrweg (welcher kurz nachher, den Kamm überschreitend, in den Hartlesgraben führt) und betritt einen links abzweigenden (durch die schwarze Erdfärbung markirten) Fusssteig. Dieser letztere führt anfänglich steil durch Wald, dann über einen abgeholzten Rücken stets scharf nach links, zur Braunseis-Alpe am Scheuchegg (kurzweg

Scheuchegg-Alpe), woselbst man in der geräumigen Hütte eventuell Nachtlager findet. (2 Std.)

Von der Hütte weg steigt man in directer Richtung (S) dem Lugauer zu, durch sumpfigen Wald und gelangt nach etwa 20 Min. auf ein saftig grünes, sanft abgedachtes Plateau „am Polster", von wo aus man zum ersten Male den Lugauer, als imposanten Felsobelisk aufragend, erblickt. Fast eben dahinschreitend, nähert man sich dem Gipfelstock, bis etwa wo der grüne Kamm sich von den Felsen loslöst. Hier steigt man einige Schritte rechts nach abwärts und betritt einen vom Vieh ausgetretenen Pfad, der in enger Gasse durch das Krummholz hinführt, bis zu einer schmalen Schuttriese. Neben derselben ansteigend, kommt man aus dem Krummholze heraus in eine kleine Verschneidung, welche als schmaler Felsriss zwischen den beiden Lugauergipfeln endigt. Diese Verschneidung wird nun benützt und theils auf Rasen, theils auf Fels, aber ohne jede Gefahr emporgeklettert, zuletzt biegt man um eine Felsrippe nach links und steht unmittelbar nachher bei der Pyramide. (Von Hieflau ca. 4 St.) Die Aussicht, wenn auch der des Tamischbachthurmes nachstehend, ist dennoch eine sehr lohnende und grossartige. Einzig schön ist der Einblick in das Radmerthal mit dem Jagdschlosse und dem Orte Radmer a. d. S., grossartig die Ansicht der Hochthor-, Buchstein- und Kaiserschildgruppe.

Unternehmende Kletterer gehen über die Scharte (etwas rechts unterhalb) auf die zweite wenig höhere Spitze. Von derselben kann man sodann südlich durch das Haselkaar in die „hintere Radmer" absteigen. Wer nach Hieflau oder überhaupt zur Enns zurück will, thut am besten, vom „Polster" in den Hartlesgraben (siehe Seite 16) und sodann durch diesen weiter abzusteigen, eine Tour, welche gar nicht warm genug empfohlen werden kann. (Auf dem Gipfel soll noch im Laufe dieses Jahres ein eiserner Kasten mit einem Gedenkbuche — von der Alp. Gesellschaft „D'Ennsthaler" — angebracht werden.)

ad V.) **Auf den Tamischbachthurm** (2034 m) 4 Wege.

a) Ueber die Hochscheiben-Alm (bequemster Anstieg) 4½ Std. Man geht entweder über den Holzrechen und am jenseitigen (linken) Ennsufer aufwärts, allmälig ansteigend, durch schönen Waldbestand zur Jagdhütte; oder der Gesäusestrasse folgend, bis zum Scheibenbauer, überschreitet hier die Enns und steigt unmittelbar neben dem Gehöfte durch steilen Wald zu den oberen Häusern und zur Jagdhütte. Nun wendet man sich links auf den Kamm und schreitet sodann fast eben hin zur schöngelegenen Hochscheiben-Alm. Von den Hütten weg steigt man gerade aufwärts durch die von kleinen Wandeln durchsetzten Kühmäuer in dichtes Krummholz, welches von den Jahrling-Böden herabzieht; schliesslich aber auf weiche Matten, welche bis auf den Gipfel, welchem man immerfort gerade zustrebt, hinaufreichen. — Von der Hochscheiben-Alm zweigt auch ein Fusssteig links ab, welcher unter den Kühmäuern hinführt, den ganzen südöstlichen Abhang des Tamischbachthurmes traversirt und zur Egger-Alm geleitet.

b) Durch das hohe Kaar. 4 Std. kürzester Weg, etwas beschwerlich. Wie vorhin zur Jagdhütte ober dem Scheibenbauer (am Besten über den Rechen und am linken Ennsufer aufwärts). Von derselben weg steigt man direct über Fels und Rasen durch steilen Wald in das hier mündende „Hohe Kaar", welches von dem nebenan herabstreichenden, weitaus breiteren Scheibenbauer-Kaar nur durch eine niedrige, aber scharfe Felsschneide getrennt ist. In demselben strebt man nun über Gerölle und grosse Blöcke, dann wieder über steilen Rasen und durch Krummholz — im ganzen ziemlich ermüdend — aufwärts gegen die sehr steil herabblickenden Gipfelwände zu. Etwa 250 ^{m} unterhalb derselben wendet man sich links und klettert über einige ziemlich steile Felsen auf den mattenbedeckten Rücken des Tamischbachthurm und steht wenige Minuten später auf dem Gipfel. Im „Hohen Kaar" — in ziemlicher Höhe — eine frische Quelle!

c) Ueber den Brettspitz 5 Std., beschwerlich, nicht anzuempfehlen. Man überschreitet den Rechen und geht am linken Ufer der Enns ein Stück aufwärts, an einem halbverfallenen Kalkofen vorüber, überquert den aus dem felsigen Heindlkaar herabkommenden schmalen Graben und wendet sich kurz nachher rechts aufwärts, um durch ungemein steilen, felsdurchsetzten Wald mühselig auf den Brettspitz emporzuklimmen. Derselbe fällt rechts in das Heindlkaar in ungemein schroffen Wänden ab, baut sich aber auch andererseits aus dem Scheibenbauerkaar mit ganz bedeutender Neigung auf. Hat man endlich ziemlich mühsam die Höhe des Kammes, den 1635 ^{m} hohen Brettspitz erreicht, so gelangt man an eine von mehrfachen Erhebungen und Einschnitten unterbrochene, zum Theile sehr scharf zulaufende Schneide, welche ziemliche Vorsicht erfordert. Dieselbe endigt an jenem felsigen Kamme, welcher sich vom Tamischbachthurm zur Almmauer absenkt. Dortselbst angelangt, traversirt man etwa 200 ^{m} nördlich unter der Spitze nach rechts auf ziemlich breiter Terrasse, biegt schliesslich nach links herum, auf den Rasen des Gipfelrückens, und steht wenige Minuten später auf dem höchsten Punkte.

d) Durch das Sperrnkaar 5 Std., mühsam, nicht lohnend. Am linken Ennsufer abwärts, bis etwa gegenüber dem Hieflauer-Tunnel, woselbst ein primitiver Fusspfad links aufwärts an den steilen Gehängen des Plattenstein empor führt und schiesslich in das Sperrnkaar leitet. Durch dasselbe nun sehr mühsam über Fels und felsdurchsetztes struppiges Gehölz — Steig oft kaum sichtbar — zur Jagdhütte auf den Sattel zwischen Almmauer und Tamischbachthurm. Nun längs des Kammes — die nächste Erhebung wird umgangen — gegen die senkrechten Gipfelwände zu, unter denselben, wie *ad c*), nach rechts herum und sodann nach links über Rasen auf den Gipfel.

Abstieg nach Gstatterboden siehe dort.

ad VI. **Auf den Hoch-Zinödl** 4¹/₂ Std., leicht, sehr lohnend. Man geht im Gesäuse aufwärts bis zur Brücke beim Hartlesgraben und beginnt gleich hinter dem Wächterhause auf schmalem, in sehr steilen Serpentinen über den jäh abfallenden felsdurchsetzten Hang u sw. immer in der nächsten Nähe der Kante des in nordwestlicher Richtung zwischen Enns und Hartlesgraben verlaufenden Kammes hinaufführenden Steig anzusteigen. In ziemlicher Höhe biegt man nach rechts herum und gelangt zu der am nördlichen Abhange des Zinödl gelegenen Wolfbauern-Alm. Von da ab wendet man sich südwestlich durch den steinigen Speikboden direct dem Gipfel zu.

Abstiege und andere Touren siehe Seite 36.

Gstatterboden.

Gstatterboden ist der schönste Punkt im Gesäuse und vielleicht einer der schönst gelegenen Orte überhaupt. Eine solche Fülle vielseitiger, grossartiger Schönheiten und bestrickender Reize, wie sie die Natur diesem herrlichen Gebirgskessel verschwenderisch zugemessen, ist nicht leicht auf so engem Raume wieder zu finden. Der Ort selbst, nur aus dem Stationsgebäude, Gasthof, Forstwartei, Jagdhaus und einigen Nebengebäuden bestehend, liegt unmittelbar an der Enns und gewährt, im Gegensatze zu dem düsteren und ernsten Ton der drohenden Gesäusewände, ein ausserordentlich freundliches Bild, welches jedoch nur dann voll und ganz genossen werden kann, wenn man dem Waggon entsteigt und sich, sei es auch nur wenige Schritte, seitwärts der Schienenstrasse begibt. Da rauscht drunten durch nickendes Gezweige die mächtige Enns und schlängeln sich an ihren Ufern in mannigfachen Windungen der eherne Schienenweg und das weisse Band der Gesäusestrasse dahin. Dann aber deckt mächtiger, tiefgrüner Nadelholzwald die vielfach ineinander geschobenen Hänge und Gräben, wunderbar contrastirend gegen die wilden, wettergebleichten Felszinnen und Zacken, die kühn und im-

Nach einer Photographie v. Würthle & Spinnhirn, Salzburg.

Reichenstein von Gstatterboden.

posant, eine prächtige Krone, dem weiten, lebendigen Teppiche entragen. Da fesselt vor Allem die weisslich gefärbte, pralle Riesenstirne der jenseits senkrecht aufstrebenden Planspitze, ein wuchtiger Felsbau; davon rechts, im Aufbau die denkbar grösste Felswildniss zeigend, der vielzackige Hochthorgrat mit seinen ungeheueren Wänden bis hinaus zum südwestlichen Eckpfeiler, dem schwerst zugänglichen Felsthurme in weiter Runde, dem kühnen Oedstein. Nun folgt, durch die Thalöffnung in seiner ganzen Grösse sichtbar, der wunderbar geformte, schlank und kühn aufragende Reichenstein, an ihn angelehnt das zerrissene Sparafeld — ein Bild von so ausserordentlich grossartiger Stimmung, wie kaum noch einmal im weiten Gebiete der Kalkalpen. Links von der Planspitze erhebt der Zinödl breit und massig sein weisses Haupt, ebenfalls in wilden, gewaltigen Wänden zur brausenden Enns abstürzend. Gegen Osten versperrt der schöngeformte Gstatterstein scheinbar das Thal, an ihm vorüber, trifft unser Blick die grüne Kuppe des Tamischbachthurm, und daran reiht sich sodann der mächtige Felsleib des grossen Buchstein, der theils in rauhen Felsschroffen, theils in waldigen Hängen sich zum grünen Brucksattel absenkt. Die waldige Kuppe des gegen die Enns ebenfalls senkrecht abstürzenden Brucksteinv erschliesst den grossartigen Gebirgskessel nach Westen. Alles in Allem ein Bild von ganz ungewöhnlicher landschaftlicher Schönheit, das noch je nach der Beleuchtung den Ausdruck mächtig wechselt. Bei halbwegs klarem westlichen Himmel kann man überdies fast allabendlich ein herrliches Alpenglühen, durch die günstige Lage des Thales hervorgerufen, beobachten.

Gstatterboden, als Centrum eines Kranzes prächtiger Hochwarten und Felszinnen, ist für den Touristen, insbesondere aber für den Freund des Felsklimmens das Standquartier par excellence, bietet aber gleichzeitig dem Anhänger des gemüthlichen Naturgenusses eine reiche Fülle prächtiger Genüsse. So kann es nicht fehlen, dass dieser Ort mehr und mehr von den Touristen aufgesucht und nach Gebühr gewürdigt, endlich sich zu jener Bedeutung aufschwingen wird, welche ihm vermöge seiner einzig schönen Lage zukommt.

Gasthöfe: Seit 1884: Bernhofer's Hôtel „Gesäuse", (früher einfaches gutes Gasthaus). Das neue Hôtel soll noch zur Reisesaison 1884 fertiggestellt werden und enthalten: 16 Zimmer, Speisesaal, Badezimmer, Veranda, Klavier etc. etc. Ausserdem stets gute Fahrgelegenheit bereit.

Führer: Andreas Rodlauer[*]).

---

[*]) Dieser ausgezeichnete Kletterer ist jedoch, durch seinen Beruf gehindert, selten zu haben. Der neue Hotelier wird jedoch Sorge dafür tragen, dass auch in dieser Richtung in Hinkunft vorgesorgt sein wird.

A. **Spaziergänge:**
  a) Zum Gstatterboden-Bauer $^1/_4$ Std.;
  b) auf die Alpe Hochscheiben $1^1/_4$ Std.;
  c) auf den Brucksattel $1^1/_4$ Std.;
  d) nach Johnsbach 2 Std., Seite 33.
B. **Touren:**
  I. In den Bruckgraben und zurück ($3^1/_2$ Std.), leicht;
  II. über den Brucksattel und Lafawald nach Weng (4 Std.), leicht;
  III. auf den Tamischbachthurm ($3^1/_2$ Std.), leicht;
  IV. über die Egger-Alm (Bärensattel) nach Gr.-Reifling ($4^1/_2$ Std.), leicht;
  V. auf den kleinen Buchstein (5—6 Std.), schwierig und gefährlich;
  VI. auf den grossen Buchstein (4—5 Std.), beschwerlich, **nicht** gefährlich;
  VII. über den Peternpfad zur Planspitze (4 Std.), schwierig und gefährlich;
  VIII. über den Wasserfallweg zur Planspitze oder Zinödl (5—6 Std.), sehr schwierig und gefährlich.

Von Johnsbach aus:
a) **Spaziergänge:**
  e) Zum Wolfsbauern-Wasserfall $^1/_2$ Std.;
  f) zur Koder-Alm $1^1/_4$ Std.;
  g) zur Treffner-Alm 2 Std.
b) **Touren:**
  IX. Ueber den Sulzkaarhund und das Sulzkaar nach Hieflau (ca. 7 Std.), leicht;
  X. auf den Zinödl ($4^1/_2$ Std.), leicht;
  XI. auf das Hochthor ($4^1/_2$—5 Std.), schwierig und gefährlich;
  XII. auf den gr. Oedstein (5—6 Std.), sehr schwierig und gefährlich;
  XIII. auf die Stadelfeldschneid (Jahrlingmauer) [$4/_2$ Std.];
  XIV. über die Treffner- und Flietzen-Alm nach Admont oder Trieben (6 Std.), leicht;
  XV. auf den Reichenstein (8—9 Std.), schwierig und gefährlich;
  XVI. über die Neuburg-Alm nach Hinter-Radmer (4 Std.), leicht.

Detailschilderungen:
A. **Spaziergänge:**
  ad a) **Zum Gstatterboden-Bauer** ($^1/_4$ Std.), sehr lohnender Spaziergang. Man geht vom Gasthause hinab bis zum Jagdhause, neben welchem ein schattiger Fusspfad durch prächtigen Laubwald zum einsamen Gehöfte des Gstatter-

boden-Bauers führt. Daselbst kleiner Wiesenfleck inmitten mächtigen Waldes; herrliche Rundschau! Von rechts nach links: Gstatterstein, Tamischbachthurm, Bärensattel, Lukete Mauer, Tieflimauer, kleiner Buchstein und grosser Buchstein; im Rücken die Hochthorgruppe. Besonders imponirend präsentirt sich der kleine Buchstein durch seine schlanke Form, und interessant die „Lukete Mauer" durch ihre Fenster ähnlichen Oeffnungen.

ad b) **Zur Hochscheiben-Alpe** 1173 m. (1¹/₄ Std.) Man benützt den oben skizzirten Weg bis zum Gstatterboden-Bauer, geht nun, dem Klaus-Graben, welcher in grossem Bogen nach rechts abbiegt, folgend, grösstentheils im Walde zur Hüttengruppe „Niederscheiben" um den Gstatterstein herum. Von diesen Hütten weg führt der Steig noch eine kurze Strecke im Graben weiter, dann an dessen linke (S) Wand und über diese etwas steil auf den Sattel zwischen Gstatterstein und Tamischbachthurm, woselbst die Hochscheiben-Alm gelegen ist. Man geniesst von derselben einen sehr schönen Ueberblick über den Kessel des Gstatterbodens und grossartigen Anblick des wilden Grates vom grossen zum kleinen Buchstein. Von der Alpe weg (N.) Anstieg auf den Tamischbachthurm oder (Ö.) hinab in das Gesäuse und nach Hieflau (1¹/₂ Std.).

ad c) **Auf den Brucksattel.** 1093 m. (1¹/₄ Std.) Roth markirt. Wir verlassen Gstatterboden in westlicher Richtung, ennsaufwärts wandernd, bis zur Brücke (vor derselben prachtvoller Anblick des Reichenstein), bleiben jedoch am linken Ufer und schlagen den sanft ansteigenden Fahrweg ein, der rechts aufwärts, anfangs an einem abgeholzten Rücken, später durch Wald hinführt. Unweit einer grossen Holzknechthütte verlassen wir den Fahrweg und wenden uns rechts aufwärts, ein steiniges Bachbett überquerend. Nun geht es etwas steil hinauf durch Wald auf den Rücken des herabstreichenden Kammes und jenseits auf eine breite Schuttmurre. Daselbst herrlicher Anblick des imposanten Hochthorzuges, der allein schon den Weg lohnt. Durch eine sanfte Mulde gelangen wir gleich hernach auf den mattenbedeckten Brucksattel mit der Büchelmar-Alm. Beschränkter Rundblick, imposant der unmittelbar oberhalb sich erhebende gr. Buchstein. Von hier einerseits Anstieg auf den grossen Buchstein, andererseits Abstieg durch den Bruckgraben (letzteres durch die jetzt zum Theile verfallenen Wege für Damen nicht mehr, sonst aber nicht beschwerlich gangbar).

B. **Touren:**

ad I. **In den Bruckgraben und zurück** (3¹/₂ Std.). Der Bruckgraben, welcher selbst in den wildzerklüfteten und zerschründeten Kalkalpen ein Unicum, etwas Aussergewöhn-

liches genannt werden muss, sollte von keinem Besucher des
Gesäuses versäumt werden. Seine grossartigen Schluchten und
Klüfte werden in unseren Alpen nur von den berühmten
Lichtensteinklammen übertroffen, hier aber, in unseren Gegenden vermuthet Niemand derartig wilde und pitoreske
Scenerien. — Früher sorgfältig gepflegt, sind jetzt manche
Theile des Weges vernachlässigt und verfallen, daher der
Graben für Damen nicht mehr gangbar ist. Lange Alpenstöcke
thun gute Dienste. — Der Bruckgraben beginnt in den südwestlichen Abstürzen des grossen Buchstein zwischen Krautgartel und Gsengkogel. Zu seinem Besuche geht man am
besten auf den Brucksattel (wie ad. C, Seite 23), bis wohin
rothe Markirung. Jenseits der Büchelmar-Alm (W) steigt man
durch den Wald in einen Graben, dessen Sohle man alsbald
überquert und durch Krummholz (auf der rechten Seite) bis
zur Hütte im Bruckgraben absteigt. Gleich von der Hütte
aufwärts (diesen kleinen Abstecher soll man nicht versäumen)
nimmt der Graben unvermittelt wilden Felscharakter an. Falls
das Wasser gross ist, müssen wir auf schmalem, dynamitgesprengten Weg, in geringer Höhe über dem Grunde, in den
Graben hineinwandern bis zum Schleussenwerk in einsamer,
grossartiger Felswildniss. Dasselbe, ein mächtiger Holzbau,
hat den Zweck, das Wasser zu sammeln, um sodann bei
plötzlichem Abflusse durch den mächtigen Schwall das in den
Graben hinabgeworfene Holz zur Enns hinabzuschwemmen. —
Von der Hütte abwärts beginnt der wildromantische Theil
des Grabens. Ein kurzes Stück noch auf weichem Schuttboden,
dann bauen sich die Wände trotzig kühn auf und lassen uns
— ganz nahe aneinand rückend — nur mehr einen ganz
schmalen Streifen blauen Himmels. Unser Steig führt bald
dies-, bald jenseits, jetzt auf schmalem Holzsteg, nun auf
felsigen Stufen, dann wieder über feste Steigbäume oder
Eisenstiften rasch abwärts. Immer wilder, imposanter streben
die furchtbaren Wände himmelan, immer dräuendere Gestalten
nehmen die düsteren Felspfeiler an, immer mächtiger tobt das
gischtende Wasser abwärts! Da greifen die Felsen ineinand
und es wird dunkel in der schaurigen Schlucht — nur die
weissen Wogen des in wilden Katerakten den jähen Stufen
des Grabens folgenden Wildbaches leuchten aus gewaltiger
Tiefe herauf. — Endlich wird es wieder lichter, die ausgelaugten Wände streben senkrecht zu gewaltiger Höhe empor,
der Bach verliert sich unten in dämmernder Tiefe und wir
wandern auf eisengetragener, mit solidem Geländer versehener
Galerie an der überhängenden Wand dahin. Endlich öffnet sich
der Graben und in sanften Serpentinen nähern wir uns den grünen
Fluten der Enns. — Hochbefriedigt werden wir hierauf wieder,

dem Bahnkörper entlang, nach Gstatterboden zurückwandern. Ein Abkürzungsweg führt, gleich nach Passirung der Brucksteinwände, erstlich über einen mit Jungwald bestandenen Schuttkegel, dann durch Wald zum Fahrweg in gerader Richtung, während die Bahn hier eine grosse Curve beschreibt.

Wer mit der Fusswanderung nach Admont den Besuch des Bruckgrabens verbinden will, macht die Tour umgekehrt, d. h. er geht im Thale ennsaufwärts bis zur Mündung des Bruckgrabens und durch diesen hinauf, dann wie *ad II.*, über den Lafawald nach Weng und Admont.

ad II.) **Ueber den Brucksattel und Lafawald nach Weng** (4 Std.). Dieser hochinteressante Parallelweg zum Gesäuse wird gleichwohl, der ungleich grossartigeren Thalwanderung wegen, wenig Anhänger finden, und ist hier nur der Vollständigkeit halber angeführt. — Man geht, wie *ad c)*, Seite 23, auf den Brucksattel und von der Büchelmar-Alm (W), sich etwas rechts haltend in den Bruckgraben hinab. Derselbe wird jedoch blos durchquert und gegenüber der Hütte die rechte Grabenwand erklommen. Jenseits steigt man in den oberen Theil des Ritschen-Grabens hinab zur Schager-Hütte, von wo nun eine Strecke weit (W) der Schager-Graben*) aufwärts verfolgt wird Wo derselbe um den Schlagriedel nach rechts (N.) aufwärts zieht, verlässt man ihn und geht, an mehreren Hütten vorüber, ziemlich eben über ein theils sumpfiges Plateau gegen die Reiterbachmauern zu. In diesem Theile prachtvolle Ansicht des Reichenstein, Hochthor etc. — Nach Ueberquerung einer grösseren Schuttrinne, führt der Weg rapid hinab zur Strasse zum Simerbauer und erreicht man ¹/₂ Std. später Weng. Im letzten Theile wunderbarer Ueberblick über das Thal beim Gesäuse-Eingang und die herrliche Umrahmung.

ad III. **Auf den Tamischbachthurm**, 2034ᵐ (3¹/₂ Std.). Dieser Aussichtsberg ersten Ranges ist neben dem Zinödl der einzige Berg im ganzen Gesäuse, der ohne jegliche Beschwerde und Fährlichkeit erstiegen werden kann. Grüne Wiesen und Matten ziehen von dieser Seite bis auf den sanftgewölbten Gipfel, der aber gegen Norden in das Tamischbach-Thal in wilden, theils überhängenden Wänden abbricht. Zu seiner Ersteigung (Weg roth makirt) wandert man, wie *ad a)* Seite 22, zum Gstatterboden-Bauer, dann an diesem vorüber, dem in nordöstlicher Richtung verlaufenden Klausgraben folgend, zur einsamen Draxelthal- und Niederscheiben-Alm, welch letztere jedoch rechts liegen bleibt. Nunmehr geht man links (nördlich) erst noch durch Wald, dann jedoch über einen mit struppigem

---

*) Oberer Theil des Ritschen-Grabens.

Buschwerk bedekten Rücken, der indess zur Zeit der Reife eine Unmasse von Himbeeren, Brombeeren und Erdbeeren bietet, steil empor. Kurz bevor man die Höhe erreicht, erfrischt noch eine klare Quelle, das „Butterbründl" (letztes Wasser). Gleich nachher betritt man den breiten, grünen Sattel mit der primitiven Hütte der Egger-Alm. Der Ausblick von hier ist schon sehr hübsch, besonders imposant die sich über den grünen Gstatterboden aufbauende wildprächtige Hochthorgruppe. Die weitere Richtung bezeichnet nun der von hier direct zur Spitze ziehende breite, sanft geneigte Kamm mit seinen zahlreichen Viehwegen durch das Krummholz. Nach 1$^1/_4$stündigem leichtesten Anstieg erreicht man die mit einer Stange und einem von der Alpinen Gesellsellschaft „D'Ennsthaler" gespendeten Gedenkbuche gezierte Spitze.

Die Aussicht ist eine ganz hervorragend prachtvolle und umfassende, die man von dieser Kuppe nicht erwartet hätte. Nicht nur, dass einerseits der Blick frei hinauschweift durch ein Meer vielgestaltiger Gipfel bis zum Schneeberge und der Rax, während anderseits neben dem mächtigen Stocke des firngekrönten Dachstein eisige Tauernspitzen herübergrüssen und in der näheren Umgebung die kühnen Felsriesen der Hochthorgruppe, des Reichenstein und Buchstein, gigantisch zum Himmel aufstrebend, dem Bilde ein prächtiges Relief verleihen, ist auch der Abblick in die vielverzweigten Thäler der Umgebung, in die wilden Kaare der Nordseite unseres Berges, ein ganz ausserordentlich lohnender. Es kann daher die wirklich spielend leichte Ersteigung dieses Gipfels nicht warm genug empfohlen werden.

Den Abstieg kann man entweder nach Gross-Reifling oder Hieflau (siehe dort) nehmen, oder aber über die Hochscheiben-Alm nach Gstatterboden zurückkehren.

Der Gstatterstein ist eine weniger lohnende Tour' die hier nur der Vollständigkeit wegen erwähnt wird. Man geht den oben geschilderten Weg zur Alpe Niederscheiben, von wo man entweder direct, oder aber, dem breiten Wege folgend, bequem in ca. 2$^1/_2$ Std. die Höhe erreicht. Vom Plateau grossartiger Anblick der Hochthorgruppe — sehenswerth die Vorrichtungen zur Holzgewinnung: kurzer Schienenweg mit „Hunden", Tunnel etc.

ad IV. **Ueber die Egger-Alm und den Bärensattel nach Gross-Reifling** (4$^1/_2$ Std.), lohnend; bis zur Egger-Alm roth markirt. Man geht vom Gstatterboden-Bauer durch den Klausgraben bis vor die „Niederscheiben" und links hinauf zur Eggeralpe, 1442 m (2$^1/_2$ Std.), wie *ad III*, Seite 25. Nun jenseits etwas hinab und längs der nördlichen, felsdurchsetzten steilen Hänge, rechts hinüber zum grünen Bärensattel, 1255 m. Von hier geht es am Rande grossartiger Schuttfelder, welche vom Fusse der gewaltigen Tamischbachthurm-Wände herabziehen, hinunter zur Krenbauer-(Gigal-)Alm und sodann längs des Tamischbaches hinaus zur Hackenschmiede und von dort auf der Strasse in engem, romantischen Thale nach Gross-Reifling (2 Std.).

ad *V.* **Auf den kleinen Buchstein** (5—6 Std.). Dieser, bisher sehr selten erstiegene kecke Felszahn gehört, allerdings nur was den letzten Theil des Anstieges betrifft, zu den schwierigeren und gefährlich zu begehenden Gipfeln des Gesäuses. Er bildet die höchste Erhebung des Kammes, der vom grossen Buchstein zum Tamischbachthurm hinüberzieht. Das erste Drittheil dieses Kammes ist ein furchtbar zerschründeter sägeartiger Grat, dem als höchster Zacken der Felsthurm des kleinen Buchstein entragt; im weiteren Verlaufe zieht derselbe noch als Grat über die Tiefli-(Teufels-)Mauer bis zur „Lucketen Mauer" und senkt sich sodann zum breiten Bärensattel ab. Jenseits zieht ein sanfter Kamm zur östlichsten Erhebung der Buchsteingruppe, dem Tamischbachthurm. — Da nun der kleine Buchstein ausser der Schwierigkeit seiner Ersteigung auch nur eine mittelmässige Aussicht bietet, so kann seine Schilderung höchstens für Freunde pikanter Klettertouren Werth haben und dem entsprechend kurz sein. — Zweierlei Routen: *a)* durch den Hinter-Winkel auf den Grat, *b)* über die Egger-Alm und den Grat zur Spitze; letztere Route bequemer; beide interessant Um in den Hinter-Winkel zu gelangen, geht man zum Gstatterboden Bauer und folgt einem nordwestlich in den Wald führenden sehr bequemen Weg. Im Hinter-Winkel, einem grossartigen Felskessel, geht man bis ungefähr zu den letzten Bäumen (ungewöhnlich grossartiger Thalschluss) und wendet sich sodann rechts aufwärts, zuletzt ziemlich mühsam über Felsen, auf den Grat, woselbst Vereinigung mit dem Wege *b)*. — *b)* Auf die Egger-Alm, wie *ad III*, dann links aufwärts längs des Grates auf schmalem, aber gut sichtbarem Steige an der „Lucketen" und „Tiefli-Mauer" vorüber bis an den Fuss des kleinen Buchstein. (Vereinigung mit Weg *a*). Nun rechts (N.) hinab in das „Mühlkaarl", um am Fusse der senkrechten Gipfelwände nach links zu traversiren bis auf den gegen den Otterriegel hinabziehenden Kamm direct an den Nordfuss des kleinen Buchstein, und gerade hinauf auf ein schmales Felsband. Von da über eine ziemlich glatte, steile Wand links auf den östlichen Gipfelzacken und direct auf den etwas höheren, aber ganz glatten mittleren Block. Aussicht durch Gr.-Buchstein und Tamischbachthurm beschränkt, sonst grossartige nähere Umgebung und Blick auf die Dachsteingruppe.

ad VI. **Auf den grossen Buchstein, 2224** m (4—5 Std.), beschwerlich, aber nicht gefährlich, sehr lohnende Tour! Drei Wege: *a)* über den Brucksattel und das Krautgartel; *b)* durch das Rohr; *c)* über die Zähne, davon *a)* leichtester und *b)* nächster Anstieg, letzterer als Abstieg besonders zu empfehlen; endlich *d)* durch die Gamsschlucht, gefährliche Klettertour.

a) Man geht auf bekanntem Wege (siehe *ad c*), S. 23) auf den Brucksattel und steigt (N.) [rothe Marken] die Büchelmar-Alm verlassend, über den ziemlich steilen Hang gegen die mächtigen Gipfelwände zu, anfangs durch schütteren Wald, sich ganz wenig links haltend, bis zu einer spärlichen Quelle. Nun wendet man sich nach links, gelangt auf einen Kamm, woselbst ein Vermessungszeichen steht, übersteigt den Zaun, geht dann abermals etwa 20 Schritte links bis zu einem rothen Zeichen und nun direct durch das Krummholz rechts hinauf. Diese Stelle — der felsige Kamm, der vom grossen Buchstein zum Gsengkogel hinabzieht und den Hintergrund des Bruckgrabens bildet, heisst „im Krautgartel". Man steigt nun etwas mühsam durch verworrenes Krummholz und grobes Gestein, immer ungefähr der Schneide des Kammes entlang, aufwärts an mehreren Felspartien vorbei, fast bis an den Fuss der grossen Buchsteinmauer. Hier schon prächtige Rundschau. Von da wendet man sich wieder scharf nach links und traversirt nun eine Reihe gewaltiger Geröllhänge, die in scharfem Winkel von den zerrissenen Steilwänden herabziehen, wobei man an Höhe etwas einbüsst und als Direction etwa den Fuss des die Schutthänge (N.) abschliessenden Felspfeilers nimmt. Dieser letztere wird umgangen und betritt man gleich nachher eine mächtige Schlucht (hier Vereinigung mit dem Wege vom „Eisenzieher" im St. Gallener Thale), welche zwischen dem höchsten Gipfel und der Frauenmauer herabzieht.

Nunmehr steigt man am Grunde dieses felsigen Einschnittes über riesige Felsblöcke und grobes Geröllo hinauf, wendet sich, am Ausgange auf das Plateau angelangt, scharf nach rechts und betritt, über sanfte Rasenhänge ansteigend, die breite Kuppe des grossen Buchstein. Daselbst Triangulirungs-Zeichen und Gedenkbuch (von der alpinen Gesellschaft „D'Ennsthaler" gespendet).

Die oberste Stufe des grossen Buchstein ist ein rauhes, ödes Kalkplateau von sanfter Neigung, dessen Ränder jedoch allseits in schroffen Wänden abbrechen. Vegetation trägt nur die nähere Umgebung der Spitze, der übrige Theil jedoch bietet ein Bild furchtbarster Verwitterung. Siebähnlich zerfressen und ausgelaugt ist der Fels nach allen Richtungen von tiefen Rissen zerschnitten, so dass das wüste, scharfkantige Gestein keinen

Quadratmeter ebenen Bodens bietet. Drei sanfte Verschneidungen bilden die Haupt-Bodenunebenheit des Plateaus, was zu wissen bei Nebel unbedingt nöthig ist. Die erste und kürzeste bildet, nördlich der Spitze, die Mündung des oben erwähnten Einschnittes zwischen dem höchsten Gipfel und dem Frauenstein; die längste dagegen zieht parallel mit der Schneide der „Stockmauern" ungefähr aus der Mitte des Plateaus in südöstlicher Richtung zum „Rohrkessel". Ein weiterer Einschnitt mündet, nordwestlich verlaufend, ober den unpassirbaren Wänden des „Hinter-Winkels". In nächster Nähe des Gipfels (östlich) endlich, in die Südwände eingeschnitten, kommt die ausserordentlich steile und sehr schwierig passirbare „Gamsschlucht" herauf.

Die Aussicht vom grossen Buchstein ist eine sehr lohnende und ausserordentlich umfassende. Sie reicht nördlich bis in die Ebene, dann bis an den Schneeberg und südlich ausser dem gewaltigen Stocke des Dachsteins bis an die eisgekrönten Hohen Tauern. Von ganz hervorragender Schönheit jedoch ist der Anblick des weiten Thales von Admont, sowie andererseits der Hochthorzug in all' seiner wilden Pracht, welch' Beide Bilder geben, die in ähnlicher, überwältigender Grösse von keiner anderen Zinne in der Runde wieder genossen werden können.

Andere Anstiege: *b*) Durch das „Rohr". (Näher als Route *a*), aber bedeutend steiler, daher mehr als Abstieg anzurathen. (4 Std.) Man geht von Gstatterboden noch vor dem Jagdhause auf schönem Wege waldeinwärts in jenen Thaleinschnitt, welcher von den südöstlichen Abstürzen des grossen Buchstein herabzieht und den Namen „Im Rohr" führt. Bei der Theilung des Grabens verlässt man den rechts (N) weiterführenden Weg und betritt einen Steig, welcher auf dem die beiden Einschnitte trennenden breiten Kamme steil aufwärts führt. Allmälig lichtet sich der Wald und man sieht direct oberhalb in den Wänden einen tiefen Einschnitt mit einzelnen Rasenterrassen, welchem man zusteuert. Durch denselben nun steigt man, sehr steil zwar, aber ohne Gefahr über Felsen und Rasenbänder auf das Plateau, woselbst die Verschneidung sehr sanft nordwestlich verlauft, und auf den Gipfel. Dieser Weg ist, seiner Kürze wegen, besonders als Abstieg zu empfehlen.

c) Ueber die „Zähne". Dieser kürzeste Anstieg (4 Std.) ist indess, da er über sehr steile Hänge hinanführt, nur Geübteren zu empfehlen. Man geht, wie zum Brucksattel, biegt jedoch noch vor dem ersten, meist trockenen Bachbette rechts ab und geht durch Wald steil hinauf zu einer, durch ihren rothen, lehmigen Boden markirten Wasserrunse, die man so weit als möglich nach aufwärts verfolgt. Sodann steigt man, immer die gleiche Direction beibehaltend, über theils sehr steile Rasenhänge und Felsen, um mehrere Felszacken herum, auf die Schneide der Stockmauern und sodann in nordwestlicher Richtung über das Plateau zum Gipfel.

d) Durch die Gamsschlucht. Schwierig und gefährlich, nur für völlig Schwindelfreie! Unmittelbar über dem Brucksattel baut sich die breite Felsenstirne der Buchsteinmauern auf, durch dieselben, etwas rechts von der Spitze, zieht ein sehr steiler Felsriss herab, welcher „die Gamsschlucht" heisst. Um zu derselben zu gelangen, geht man entweder wie *ad c*, Seite 28 auf den Brucksattel und von dort über den breiten Hang zu dem von der Alm aus deutlich sichtbarem Einstiege, oder man biegt noch vor Erreichung des Sattels rechts ab und gelangt durch Wald und über steile Schuttbänder dahin. Durch die Klamm folgt nun sehr schwierige Kletterei, theils durch Kamine, theils über glatte, abgeschliffene Platten, wobei man fallenden Steinen meist gar nicht ausweichen kann. Aus der Klamm heraus steigt man rechts über Rasen zur ersten Spitze und von dort (w.) auf den Gipfel.

Schliesslich sei noch bemerkt, dass ein zum Theile ziemlich schwierig zu passirender Jägersteig, der sogenannte „Hochgang", ungefähr dort beginnt, wo man, durch das Rohr absteigend, die Felsen verlässt und den Wald betritt, und von da, ziemlich in gleicher Höhe bleibend, zuerst südlich, dann den felsigen Abfall der Hochmauern überschreitend, westlich die breite rothe Runse überquerend, zum Brucksattel führt.

ad VII. **Ueber den Peternpfad auf die Planspitze**, 2117 m (4¹/₂ Std.)*). Schwierig, nur für Schwindelfreie! Die starren Wände der Nordseite des Hochthorzuges, vom Oedstein angefangen bis zur Planspitze, umschliessen in gewaltigem Bogen einen mächtigen, von rauhen Felsrunsen durchfurchten Kessel, es ist dies das Heindl-Kaar. Die ungeheuren Wände dieses Kessels tragen hauptsächlich bei zu dem ungewöhnlich grossartigen Bilde, welches das Gesäuse bietet, und sind in der That einzig in ihrer Art. Wer dieselben so recht vom Grunde aus kennen lernen will, der möge die Tour über den Peternpfad machen.

Wir verlassen Gstatterboden in westlicher Richtung, überschreiten die Ennsbrücke und wandern etwa ¹/₂ Std. dem

---

*) Während der Drucklegung dieses Werkchens gelang es dem Verfasser auch den Grat zum Hochthor zu forciren und ist diese hochinteressante Tour von der Peternscharte aus in zwei Stunden auszuführen.

rauschenden Strome entgegen, bis zur Mündung des breiten Grabens, der als Ausgang des Heindl-Kaares herabzieht und der ausser durch den Beginn der rothen Markirung noch dadurch kenntlich ist, dass er unter den verschiedenen Gräben die grösste, zum Theile bewaldete Schuttmure vorgelagert hat. Ueber die letztere geht man mit kaum merkbarer Steigung gegen die Wände bis ganz zurück und immer rechts, fast gegen den Oedstein zu, wo der Grund des bisher breiten Grabens steiler wird und von colossalen Blöcken verlegt ist. Man weicht denselben jedoch aus, überquert ein mächtiges Schuttfeld und steigt seitwärts durch steilen Wald auf gutem Pfade aufwärts und kommt schliesslich, nun sich stets links haltend, auf einen dürftigen, durch das Krummholz führenden Steig. Immer noch nach aufwärts, dabei aber scharf links gegen die imposant hervortretende Planspitze lossteuernd, gewahrt man nunmehr einen, zwischen einem vorspringenden Felspfeiler und den Wänden des Hochthorgrates einschneidenden Spalt, dessen unteres Ende man zu erreichen trachtet. Daselbst Beginn des eigentlichen Peternpfades.

Der Einschnitt endigt in einer steilen, engen Schlucht, durch die man, etwas mühsam, auch direct hinauf kann; besser thut man indess, links in die Wand, den rothen Marken nachzuklettern, um so den fallenden Steinen zu entgehen. Hat man die erste steile Stelle überwunden, so kommt man an mehreren Terrassen von kleinen Wandeln, darüber lockeres Geröll und dazwischen hin und wieder schöne grüne Rasenflecken, sogenannte „Gamsgarten". Rechts davon ragen die ungeheueren, ganz glatten Hochthorwände auf. Sich stets etwas links haltend, gelangt man schliesslich auf die Schneide des Felspfeilers und von dieser in die letzte, etwas exponirte Wand, welche schief nach rechts aufwärts erklettert wird Gleich nachher erreicht man auf der Peternscharte den Hochthorgrat und geht über diesen N. zur Planspitze, die von hier einem kühnen Obelisk gleicht.

Die Aussicht von derselben ist, trotzdem sie bezüglich ihrer Höhe weit hinter der Hochthorspitze rangirt, doch eine sehr lohnende und umfassende, und gleicht im Allgemeinen der des grossen Buchstein. Von besonderem Reize ist der Abblick auf das unmittelbar zu Füssen liegende Gstatterboden, dessen wenige Häuschen wie Kinderspielzeuge heraufgrüssen, mit dem schimmernden Bande der Enns, da die Planspitze hier in ganz ungeheueren, senkrechten Wänden abstürzt und schliesslich der Ueberblick über das gesammte Gesäuse und die Ebene von Admont.

Zum Abstiege benützt man die Südostseite nach Johnsbach. Man steigt von der Spitze direct in das angrenzende Seekaar zum kleinen Seekaarsee, verfolgt dann die steinige Runse, welche von demselben abwärts zieht, bis zu dem rechts hinausführenden ziemlich guten Jagdsteig, den man bis zum Sattel des Ennsegg benützt. Von dort sodann über die obere und untere Koder-Alm nach Johnsbach ((3¹/₂ bis 4 Std.) oder durch das Sulzkaar und Hartelsgraben nach Hieflau. (*ad IX.*)

ad VIII. **Ueber den Wasserfallweg auf die Planspitze** 2117 m **oder den Zinödl** 2190 m (5—6 Std.), sehr schwierig und gefährlich, nur für völlig Schwindelfreie und mit Führer A. Rodlauer zu machen!

Zwischen Zinödl und dem nördlichen Hochthorzuge eingebettet, senkt sich der Wasserfallgraben als mächtiger Einschnitt zur Enns hinab und mündet über einer Front von weit über 600 m hohen Wänden, die man von der Bahn- oder Gesäusestrasse — unweit der Kummerbrücke — sehr gut übersehen kann. Düster blicken die gewaltigen Wände herab, ein schmaler Staubfall leuchtet aus dem dunklen Grau hervor, rechts von demselben befindet sich unser Anstieg.

Man geht entweder ennsabwärts bis zur Kummerbrücke und sodann am rechten Ufer wieder bis zur Mündung der in den breiten Schuttkegel eingeschnittenen Rinne des Wasserfallbaches zurück und steigt sodann über steile bewaldete Hänge direct bis an den Fuss der westlich vom Wasserfalle aufstrebenden Wände, was leichter, wenn auch einförmiger ist, oder man überschreitet die Gstatterbodner Ennsbrücke und geht am rechten Ufer abwärts bis zu dem, dem Bahnhof etwa gegenüberliegenden Gehöfte. Von demselben steigt man rechts mässig aufwärts und durchquert ziemlich mühsam mehrere steile und steinige Gräben, um zum Einstieg zu gelangen. Die Wandkletterei, welche alle mögliche gymnastische Fertigkeit erfordert, weist unter Anderem zwei sehr schwierige, in ihrer Art gewiss einzige Platten auf, die rittlings steil aufwärts erklettert werden müssen, wobei die eine Körperhälfte ganz frei über der überhängenden Wand hängt. Weiterhin kommen noch einige sehr exponirte Stellen, darunter aber auch gute Haltpunkte durch vereinzelte Bäume, endlich Ausstieg auf die westliche Seite des oberen Wasserfallgrabens. Nunmehr durch Urwald zur einsamen Hütte der Ebersangerl- (Griesmayr-)Alm und von dort (S.) aufwärts, immer dem tiefen Thaleinschnitte folgend, zum Ennsegg (ca. 3¹/₂—4 Std.)

Zur Planspitze wendet man sich schon früher rechts ab und steigt an dem Seekaarsee vorbei und durch das Seekaar hinauf (ca. 2¹/₂ Std.)

Zum Zinödl vom Ennsegg wie *ad X*, Seite 36 in ca. 2 Std.

Nach einer Photographie v. Würthle & Spinnhirn, Salzburg.

Die Hochthorgruppe von Süden (Johnsbach).

ad d) **Nach Johnsbach** (2 Std.). Ausserordentlich lohnende und grossartige Thal-Wanderung, dabei ganz mühelos auf schöner Strasse; auch mittelst Wagen zu machen. Man wandert ennsaufwärts, passirt die Brücke (prachtvoller Anblick des Reichenstein) geht nun, stets den kühnen Reichenstein vor sich, und den gewaltigen Hochthorzug zur Linken auf prachtvoller Strasse zum links sich öffnenden **Johnsbach-Eingang**. Hier betritt man ein Thal, wie es abwechslungsreicher, zugleich aber auch wilder und grossartiger kaum wieder zu finden ist. Gleich anfangs links erhebt sich eine ungeheuere, senkrechte Wand, dann wieder wechselt üppiges Grün und duftender Wald mit den rauhen unwirthlichen Felsen. Später aber ziehen riesige Schuttmurren, die ihre unwirthlichen, bleichen Trümmermassen bis in das Bachbett wälzen, herab. Mehr und mehr unterbrechen rauhe Felspfeiler von den abenteuerlichsten Formen das Grün der Thalwände. Näher rücken nun die drohenden Wände zusammen, immer wilder und zorniger sucht der schäumende Bach den Thalgrund und wir befinden uns mit einem Male in einer grossartigen abschreckenden Wildniss. Die grauenhaft zerrissenen Felsen nehmen die absonderlichsten Formen an. Bald als kühne, schlanke Nadeln zugespitzt, bald als breite runde Blöcke geformt, thürmen sich diese dolomitischen Felsenmassen auf, dazwischen ziehen rauhe Schluchten herab und über alles das erhebt ernst und düster der Oedstein sein kühnes Riesenhaupt. Je nach der Beleuchtung ist auch der Anblick ein verschiedener und erhält man erst durch diese ein treffendes Bild dieser grauenhaften Wildniss. Plötzlich, nachdem wir kurz zuvor zwei hölzerne Brücken überschritten haben, öffnet sich das Thal und vor uns liegt ein ungemein liebliches Bild:

Johnsbach.

Johnsbach, ein einsames Gebirgsdörfchen, ungemein freundlich und lieblich gelegen, ist auf etwa $^1/_4$ Std. malerisch in einem ziemlich breiten Thale zerstreut. Gleich nach den ersten Häusern und der uralten, 1310 erbauten, sehr einfachen Kirche steigt die Strasse etwas steiler an und führt über einen breiten berasten Hügel in das flache obere Thal, woselbst die saftiggrünen Wiesen und Felder in herrlichem Contraste zu den dunklen Wäldern und den grauen Felsthürmen des Reichenstein und kleinen Oedstein ein schönes, farbenreiches Bild bieten. Rückwärts, wo von links (N.) der Thaleinschnitt des Koderdodens herabzieht, liegt das hübsche Gehöfte des Wolfbauern, die schöne, neue Schule und das Jagdhaus. Kurz vorher, an der Wegtheilung, Kölbl's Gasthaus. (Führer für das Hochthor zu erfragen.)

Gasthöfe: Gleich anfangs Donnerwirth, 20 Min. thalaufwärts Kölblwirth, beide einfach und verhältnissmässig gut; je für 8—10 Personen Raum, zum Nächtigen.

Führer: keine, die Halterbuben auf den Almen pflegen jedoch ganz gute Wegweiser abzugeben. Solche sind auch beim „Kölbl" zu erfragen. (Für das Hochthor ist der Halterbub auf der Koder-Alm zu empfehlen).

a) **Spaziergänge:**

ad e) **Zum Wolfbauern-Wasserfall.** $^1/_4$ Std. Wer beim Donnerwirth nächtigt, geht im reizenden Johnsbachthale auf bequemer Strasse aufwärts bis zum Kölblwirthe (woselbst Tafel: Beginn des Hochthor-Anstieges von der alpinen Gesellschaft D'Ennsthaler), verlässt hier den Fahrweg und biegt links ab, den hier beginnenden rothen Marken folgend, zwischen hohen Zaungattern über den Rücken des vom Gamsstein herabziehenden wiesenbedeckten Bergfuss. Man verfolgt diesen Weg bis über ein Gehöfte hinaus, wo derselbe in den Wald aufwärts führt, geht von da einige Schritte rechts über die Wiese und hat unmittelbar vor sich den im Frühjahre recht hübschen Wasserfall. Besonders schön die Umgebung: Zwischen prachtvoll grünen üppigen Wiesen, malerisch gruppirt, das Wolfbauern-Gehöfte, die schöne neue Schule — ein rühmliches Denkmal dieser kleinen Gemeinde — das hübsche Jagdhaus und verschiedene verstreute Häuschen, jenseits das breite vom Kühkaar herabziehende Thal.

ad f) **Zur Koder-Alm,** 1340 m ($1^1/_4$ Std. vom Donner-Wirthshaus). Man geht wie vorher thalaufwärts, dann beim Kölblwirthe links den rothen Marken nach, gegen den Wasserfall zu; kurz vor demselben jedoch über die Wiese etwas nach, links aufwärts in den Wald und durch diesen auf sehr schönem breiten Wege an einem bemoostem Kreuze vorüber auf den unteren Koderboden, einem saftiggrünen, quellendurchrieselten Wiesenflecken inmitten struppigen Fichtenwaldes. Seitwärts Tafel: „Aufstieg auf das Hochthor" von der alpinen Gesellschaft „D'Ennsthaler". Grossartige Umgebung, insbesondere der Oedstein mit seinen himmelanstrebenden Steilwänden, während die Hochthorspitze zwar sichtbar, aber schwer aus dem Felsrücken kenntlich und sich nicht sonderlich vortheilhaft präsentirt. Noch etwas weiter aufwärts (Weg rechts um den waldigen Hügel) liegt die geräumige Hütte der unteren Koder-Alm (eventuell dürftiges Nachtlager). Davon seitwärts die graue Wand des Rinnerstein, welcher den grossartigen Felskessel des Schneekaares mit seinen ungeheuren Steilwänden verdeckt.

ad g) **Auf die Treffner-Alm** (ca. 2 Std. mühelose Bergwanderung). Der Besuch dieser prachtvollen Aussichtswarte, deren Ersteigung mit gar keiner Schwierigkeit verbunden ist, sollte von keinem Besucher des Johnsbachthales, bestimmt aber nicht von Jenen, welche keine Bergtour unternehmen, versäumt werden. Man geht unmittelbar neben dem Donner-Wirthe in das hier von Südwesten herabstreichende Thal, anfänglich neben einer Holzriese, später an der ziemlich tief gelegenen Gruber-Alm vorbei durch üppigen, theils sumpfigen Wald in bequemen Serpentinen zu der auf dem mattenbedeckten, vom Reichenstein südwestlich verlaufenden Kamme gelegenen Treffner-Alm. Von diesen primitiven, zum nächtigen nicht geeigneten Hütten geniesst man eine herrliche Rundschau. Vor Allem imponirt der kühne Bau des grossen Oedstein, der hier Alles hoch überragend und den ganzen Hochthorzug verdeckend, gleich einem ungeheueren Obelisk in die Lüfte aufstrebt. In nächster Nähe aber bietet der schlanke Reichenstein mit Sparafeld und Kalbling ein schönes Bild. Nördlich über das Johnsbachthal erhebt sich der Grosse Buchstein, während südlich die lange Kette schön geformter Gipfel der niederen Tauern mit Bösenstein etc. herübergrüssen. — Südöstlich von der Treffner-Alm hinab in 40 Minuten zur Flietzen-Alm und von dort entweder westlich über das Kalbling-Gatterl zur Kaiserau, oder durch das Thal hinaus nach Gaishorn und Trieben. Siehe Seite 42.

b) **Touren:**
ad IX. **Ueber den Sulzkaarhund und das Sulzkaar nach Hieflau** (ca. 7 Std.). Diese ganz mühelose Tagestour bietet so verschiedenartige Landschaftsbilder und gewährt einen so instructiven Einblick in den Aufbau der Hochthorgruppe, dass sie allen Besuchern des schönen Johnsbachthales nur wärmstens anempfohlen werden kann. Ueberdies bietet sie den einzigen ungefährlichen Rückweg in das Gesäuse für Diejenigen, welche nicht auf derselben Strasse, auf der sie gekommen, wieder zurück wollen.

Man geht *ad e*) und *f*), durch das Johnsbachthal bis zum Kölbl-Wirthe, dann links auf dem roth markirten Wege an dem Wasserfalle vorüber bis zur unteren Koder-Alm. Von derselben nun führt der Weg immer rechts an der südwestlichen Thalwand (den Hängen der Stadelfeldschneid oder Jahrlingmauern) aufwärts und achte man genau darauf, den Weg, welcher einigemale kaum sichtbar über üppige Rasenhänge führt, nicht zu verlieren, da man links und rechts seitwärts nur mit schwerer Mühe vorwärts kommt, insbesondere aber ist der Thalgrund, von den kolossalen Blöcken eines Bergrutsches bedeckt, nur äusserst mühselig zu passiren. Nach etwa ³/₄ Std. von der unteren Koder-Alm gelangt man zur äusserst primitiven oberen oder richtiger Stadel-Alm (zum Nächtigen nicht geeignet). Von dieser Alm weg gelangt man noch etwas aufwärts zu einer Mulde, von der man rechts seitwärts um eine von der Stadelfeldschneid herabziehende Bergnase herumbiegt (in der Nähe Jagdhaus — gesperrt). Von hier grossartiger Anblick des unmittelbar gegenüberliegenden Hochthorgrates, vorher Rückblick auf den gleich einem ungeheuren Felskegel aufstrebenden Oedstein. Weiter nun in sanften Serpentinen auf den Sattel mit dem „Sulzkaarhund" (2¹/₂—3 Std.) — einem eigen geformten Felsblock, der vom Sulzkaare aus gesehen, einem lauernden Hunde ähnlich sieht — und jenseits durch das Sulzkaar und den Hartelsgraben zur Enns, wie *ad II*, Seite 16. Diese an sich schon sehr genussreiche Tour kann überdies noch mit der Besteigung des Zinödl — vom Sulzkaarhunde ohne alle Gefahr längs der Schneide in ca. 2 Std. — verbunden werden.

ad X. **Auf den Hoch-Zinödl**, 2190 ᵐ (4¹/₂ Std.). Dieser Berg ist nach dem Tamischbachthurm der leichtest zugängliche im ganzen Gesäuse, aber mitten in der mit den prächtigsten Gipfelbauten gezierten Hochthorgruppe gelegen, ungleich lohnender als der letztgenannte. Zu seiner Besteigung, welche leicht auch von jedem Mindergeübten unternommen und ausgeführt werden kann, geht man wie oben (*ad IX*.) über die Koder- und Stadel-Alm (auch obere Koder-Alm) auf die Einsattlung zwischen dem Hochthorzuge und dem Zinödl, dem „Ennsegg", wo sich einerseits die Riesenmauern des Hochthor aufbauen und andererseits die öden, steinigen Halden des Zinödl dem Bilde ein hochalpines Gepräge verleihen.

Vom Ennsegg weg, benützt man anfänglich einen schönen Alpsteig, welcher an dem Leib des Zinödl mit kaum merkbarer Steigung hinführt (und bis zur nördlich gelegenen Wolfbauern-Alm leitet), verlässt ihn jedoch bei der erstbesten geeignet erscheinenden Lichtung des oberhalb immer spärlicher werdenden Krummholzes und steigt nun direct aufwärts, anfangs über ziemlich steilen Rasen, zuletzt über gänzlich kahlen, unwirthlichen, aber nicht die geringste Fährlichkeit bietenden Fels zu dem mit einer Stange gezierten Gipfel.

Anstatt bis zum Ennsegg zu gehen, kann man auch vorher rechts abbiegen und in der Nähe des Jagdhauses vorüber zum Sulzkaarhund ansteigen, von wo man sodann längs der theils felsigen Schneide ebenfalls ganz gefahrlos den Zinödl ersteigt.

Die Aussicht von diesem leicht zugänglichen Berge ist eine sehr lohnende und mit Bezug auf die unmittelbare Umgebung hervorragend grossartige. Wie alle Gipfel des

Gesäuses fällt auch der Zinödl nach einer Seite in jähen, theils senkrechten Wänden ab und zwar südöstlich in das Sulzkaar mit seinen Hütten und dem kleinen Sulzkaar-See, was einen überaus lieblichen Anblick gewährt. Den Glanzpunkt der Rundschau aber bildet der imposante Hochthorzug mit den kühnen Felsthürmen des Oedstein, der Hochthor- und Planspitze, die, speciell das Hochthor, in kolossalen Steilwänden von weissgrauem Colorit sich aufbauen. Dann aber erheben sich, von der Planspitze nach rechts: der grosse und kleine Buchstein, Tamischbachthurm, der doppelgipflige Luganer und die Jahrlingmauern. Weiter hinaus (links vom grossen Buchstein) die Haller-Mauern, und zwischen den einzelnen Gipfeln durchschweift der Blick in die weitesten Fernen auf ein buntes Meer unzählbarer Spitzen, unter deren näheren noch besonders südlich die Sölker- und Sekauer-Alpen zu erwähnen sind, während weiterhin einerseits noch der Schneeberg und die Raxalpe, andererseits Theile der Glocknergruppe sichtbar sind.

Den Abstieg kann man nun auch direct zum Gesäuse nehmen, wozu man vom Gipfel nordwärts über Rasen und Felsen bis zu den früher erwähnten Alpsteig etwas nach links absteigt, der hier über den felsigen Rücken ziemlich hoch herumbiegt und sodann bequem nach rechts zur einsamen Wolfbauern- (auch Zinödl-) Alm hinabgeht. Von dort sodann anfänglich eben, dann aber steil längs der Gesäuse-Wände hinab zum Wächterhause an der Mündung des Hartlesgraben. Ausserdem können gute Kletterer auch etwas links vom Gipfel durch die Wände in das Sulzkaar hinab; weniger Geübte gehen längs der Schneide zurück bis zum Sulzkaarhund und dann von dort auf bequemen Steig in das Sulzkaar.

ad XI. **Auf das Hochthor**, 2872 ᵐ (4¹/₂—5 Std.); schwierig und Schwindelfreiheit erfordernd. Diese hochinteressante Klettertour, welche entschieden der Glanzpunkt des Gesäuses genannt werden muss, verbindet mit prächtigen, so recht die grossartige Wildheit der Kalkalpennatur zeigenden Felsscenerien, eine herrliche, unvergleichlich schöne Fernsicht und führt uns gleichzeitig auf die Culmination der sämmtlichen Gesäuseriesen.

Zur Ersteigung dieser stolzen Felszinne wandert man von Johnsbach aus, wie *ad f*, Seite 34, auf den **unteren Koderboden**, (woselbst Tafel: „Aufstieg auf das Hochthor") und ohne die etwas oberhalb liegende Koder-Alm zu berühren. Man wendet sich nun, den rothen Marken folgend, links aufwärts in die sanftansteigende Verschneidung längs des Nordwest-Abhanges des Gamsstein und gelangt nach etwa 15 Min. zu einer Wegtheilung. Die rothen Marken führen gerade aufwärts in die Nähe der Riesenwände des Oedstein und längs des Fusses derselben gegen die Hochthor-Abstürze, während rechts der erst nach Markirung des ersteren Weges angelegte schöne Jagdsteig weiterführt und bequem über die rauhen, unwirthlichen Felsrippen des Rinnersteines emporkommen lässt. Beiläufig am Fusse eines gleich einer Riesensäule aufstrebenden Felspfeilers trifft man wieder auf die rothen Marken und wendet sich nun immer nahe den Wänden des Hauptstockes scharf nach rechts auf einer öden, trümmerbedeckten Felsterrasse, jenem deutlich sichtbaren, in das Felsmassiv tief einschneidenden, schluchtähnlichen Felskessel zu, welcher direct von der Hochthorspitze herabzieht und „Schneeloch" heisst. Hier auf einem mächtigen Block Rast vor Beginn der eigentlichen Klettertour in ungemein düsterer, grossartiger Felswildniss. Links der senkrecht aufstrebende Oedstein, dann der furchtbar zerrissene, von riesigen Schutthalden umlagerte Hochthorgrat, rechts die jähen Abstürze des „Hagelplan".

Nun zwei Wege: *a*) der markirte über den das Schneeloch links (W.) flankirenden, scheinbar senkrechten Felspfeiler; *b*) durch das Schneeloch. Letzterer etwas schwieriger, aber interessanter.

a) Gleich von der Mündung des Schneeloches geht man links um den Fuss des hier aufstrebenden Felspfeilers schief nach aufwärts, auf schmalen Rasenterrassen bis zu einer grossen Platte, welche man jedoch unterhalb umgehen kann. Nun über sehr steilen Fels gerade, dann etwas nach rechts, später aber entschieden nach links ziemlich mühsam, auf steile Geröllstreifen und plattiges Gestein. Schliesslich nähert man sich der Schneide des Grates und klettert über mächtige Blöcke und Felsstufen auf das kühne Horn der Hochthorspitze, woselbst grosses „Steinmandl" und Gedenkbuch (von der alpinen Gesellschaft D'Ennsthaler) mit schönem Titelblatte.

b) Durch das Schneeloch steigt man das hier meist das ganze Jahr hindurch eingebettete, ziemlich steile Schneefeld bis an den Fuss der den Felskessel rückwärts abschliessenden Wände hinan. Nun erst sehr steil durch kleine Kamine und über einzelne Wandpartien, dann aber wieder besser, zum Theile über Gerölle, immer in ganz gerader Richtung aufwärts; zuletzt wieder steil entweder etwas nach links, auf den markirten Weg oder rechts zum eigentlichen Hochthor — einer schmalen Felsspalte zwischen den beiden Gipfelhörnern — und dann links auf die höchste Spitze!

Die Aussicht ist eine unvergleichlich schöne und ausserordentlich umfassende, und reicht südlich bis an die Karawanken, dann näher die Sekauer- und Sölker-Alpen und darüber hin wieder die eisgekrönte Kette der Hohen Tauern, daran schliessend Dachstein- und Prielgruppe und nördlich bis in die Ebene bei Wels und davon rechts die langgedehnte Kette des Hochschwab, noch weiter Schneeberg, Rax- und Schnee-Alpe. Imposant ist die nähere Umgebung: Die vielgipfligen Hallermauern, der ebenbürtige Reichenstein, nördlich der grosse und kleine Buchstein, dann aber die Hochthorgruppe selbst mit dem Zinödl, Lugauer und Jahrlingmauern. Besonders interessant ist der wilde Hochthorgrat. Eine vielfach zerschründete, theils von nadelartigen Felsthürmen gekrönte schmale Mauer zieht dieser Grat zum kühnen, nur wenig niedrigeren Oedstein hinüber; andererseits aber zweifach geschwungen, nicht minder abschreckend zur Planspitze absinkend. Ein seltener Genuss ist der Abblick in den ungeheueren Abgrund, der sich nördlich unmittelbar zu unseren Füssen öffnet. Mit einem Gefühle leichten Schauers und staunender Bewunderung überfliegt unser Blick diese kolossalen Riesenmauern, diese zahllosen Felszähne und Klippen, diese ungeheueren Trümmerhalden und trifft unten in entsetzlicher, durch keinerlei Vorberge gemilderter Tiefe, das schimmernde, vielfach gewundene Band der Enns, die winzigen Häuschen von Gstatterboden und weiter hinaus die breite Ebene von Admont. Ein Gesammtbild von überwältigender Wirkung.

ad XII. **Auf den grossen Oedstein,** 2335 m (5—6 Std.), schwierig und gefährlich, nur von sehr geübten und vollständig schwindelfreien Alpinisten auszuführen Da dieser, von allen Gesäusegipfeln am schwierigsten zugängliche, kühne Felsthurm bezüglich der Aussicht dem „Hochthor" ganz gleich kommt, dabei aber seinem Ersteiger viele Mühe bereitet, so wird derselbe stets nur in jenen Kreisen Anklang finden, welche es lieben, ihre Kräfte an den schwierigsten Hindernissen, die ihnen die Natur entgegenstellt, zu messen — diesen letzteren jedoch die grossartigsten Genüsse bieten.

Zwei Aufstiegsrouten: *a)* über die Westseite, *b)* über die Südostseite.

a) Man geht vom Donner-Wirthe etwa 10 Minuten thalaufwärts bis zu einer Wiese, welche dem ersten aus dem südlichen Abhange des kleinen Oedstein herabziehenden Graben vorgelagert ist (in der Nähe Mariensäule), übersteigt den Zaun und überquert die Wiese gegen den Graben-Eingang zu, woselbst man durch ein Gehöfte und eine Köhlerei zu gehen hat. Nun steigt man in dem steilen Graben — anfänglich gut, später über eine breite Geröllhalde (links auffallend rothe Wände) empor bis zu einem gut sichtbaren, grossen Kamin (links), der ganz leicht durchstiegen wird. Oberhalb steile Rasenhänge, mit den letzten, theils abgestorbenen Bäumen und wenigen Krummholzpartien, die man nach links aufwärts unter einer Wand mit kleiner Höhle traversirt, und gelangt schliesslich auf eine scharf markirte Scharte in dem vom kleinen Oedstein südwestlich gegen die Johnsbacher Kirche verlaufenden felsigen Kamm. Nunmehr betritt man die Westabhänge und traversirt die meist sehr steilen Hänge direct unter den Gipfelwänden des kleinen Oedstein auf etwa 4—500 Schritte nördlich der erwähnten Scharte. Sodann aber wendet man sich direct aufwärts, woselbst mehrere sehr steile, kaminartige Runsen unmittelbar auf die Schneide des kleinen Oedstein hinaufführen und wahrscheinlich auch mehrere passirbar sind. Man wende sich jedoch nicht zu früh rechts aufwärts, da man sonst an einem Punkte die Schneide erreicht, wo dieselbe noch scharf gratartig verläuft und sodann einige Mühe hat, den Gipfelkamm des kleinen Oedstein zu erreichen. Derselbe bildet hier eine nach Osten sanft geneigte riesige Platte, über die hinweg man direct in ungeheurer Tiefe die untere Koder-Alm erblickt. Nebenan erhebt sich, durch die Scharte und das berüchtigte Oedstein-Couloir getrennt, der grosse Oedstein, ein imposanter, trotziger Felsbau von noch bedeutender Höhe.

Ist das Couloir mit Schnee erfüllt, so ist die Traversirung desselben, welche nunmehr folgt, verhältnissmässig leicht, immerhin aber mit entsprechender Vorsicht auszuführen, und hat etwa 30—40 m unterhalb der Scharte zu geschehen, da weiter oben kein Einstieg in die ganz glatten Wände möglich ist. Vom Einstiege geht man in den Wänden so weit nach rechts, dass man eine zwischen einer kühnen Felsnadel und dem Hauptstocke einschneidende, oben nur sehr schwer passirbare Schlucht zur Linken hat. Nun geht es gerade hinauf, theils über rauhe, meist sehr steile Felsrippen oder schmale Felsbänder, theils durch enge Kamine und Risse oder stark geneigte Wände, wobei des lockeren Gesteines wegen Vorsicht anzurathen ist. Ebenso halte man sich nicht nach links, da man sonst auf die Schneide hinauskommt, und diese über einen ungeheuren Abgrund hinführt und einige exponirte Stellen aufweist. Die höchste, nur wenigen Personen Raum bietende Spitze ist mit einem mächtigen Steinmanne geziert.

Die Aussicht gleicht, wie erwähnt, im Ganzen vollkommen der vom Hochthor, dagegen aber ist der Anblick der unmittelbaren Umgebung entschieden noch grossartiger. Nördlich ragen zunächst dem Gipfel zwei wilde Felszähne herauf und zieht der prächtige Grat in schönem Schwunge zur Hochthorspitze. Nach allen anderen Seiten aber ist der freie Ausblick durch nichts gehindert und trifft unser scheuer Blick wahrhaft ungeheure Abgründe. Oestlich grüsst ein kleiner smaragdener Flecken, der untere Koderboden, herauf, westlich zieht das untere Johnsbachthal und nördlich das Gesäuse in grauenhafter Tiefe unmittelbar zu unseren Füssen dahin. Im Uebrigen wie vom „Hochthor".

b) Die zweite, noch schwierigere Route führt über die Südostseite auf den grossen Oedstein. Man verlässt die Johnsbachstrasse etwa halbwegs zwischen Donner- und Kölblwirth in der Nähe eines zweiten hölzernen Kreuzes nach dem Gehöfte des Zayringer - Bauern, und wendet sich dem zwischen Gamsstein und kleinen Oedstein herabziehenden Graben zu. Theils in demselben, theils auf dem anliegenden Hange in sanften Serpentinen gelangt man nach etwa 1¹/₂ Std. auf den Sattel zwischen den beiden vorgenannten Gipfeln. Daselbst ein rauher, trümmererfüllter Kessel, dem (NW) die scheinbar ganz unpassirbaren, abschreckenden Steilwände des kleinen und grossen Oedstein entragen, mittendurch von einem gewaltigen Schrund durchschnitten — dem unteren Ende des Oedstein-Couloirs. Nur wenige Krumholzflecken unterbrechen das düstere Grau und ermöglichen zugleich das Emporkommen. Der Einstieg in die Wände ist etwa in der Mitte des Kessels, dort, wo ein Krummholzband am tiefsten herabreicht, links von der eben erwähnten Schlucht. Hier geht es nun in grösst denkbarer Steilheit empor, theils über ganz schmale Rasenterrassen, theils über Fels, stets in anstrengendem Ziehklimmen und das Krummholz nach Möglichkeit ausnützend, über die jähen Felspartien. Anfangs hält man sich, die Situation ermöglicht übrigens nichts Anderes, etwas rechts zwischen dem grossen und einem kleineren Couloir, später traversirt man wieder etwas nach links und klettert sodann gerade hinauf; das grosse Oedstein-Couloir jedoch bleibt immer rechts in ganz geringer Entfernung und hat man während des Aufstieges öfter Gelegenheit, die durch dasselbe abgehenden Steinlawinen zu beobachten. In halber Höhe der Wand sind einige kritische Stellen, weiter oben jedoch geht es wieder besser und verhältnissmässig sehr rasch erreicht man die Platte des kleinen Oedstein. Hier Anschluss an Route *a*. Zum Gamsstein-Sattel kann man schliesslich auch vom unteren Koderboden sehr bequem ansteigend gelangen, indem man von der Tafel: „Aufstieg auf das Hochthor" den roth markirten, längs dem Abhange des Gamsstein aufwärts führenden Steig, bis beinahe an die Wände verfolgt und sich sodann links wendet.

ad XIII. **Auf die Stadelfeldschneid** (Jahrlingmauer), 2114 ᵐ, ca. 4 Std., sehr schöner Anblick des Hochthorgrates, sonst aber wenig lohnende Tour. Man geht wie *ad f)*, Seite 34 zur Koderboden-Alm und auf dem zur Stadel-Alm (obere Koder-Alm) führenden Steig etwa 10 Min. aufwärts, woselbst gleich nach den morastigen Wiesen ein anfangs nur schwach ausgetretener Steig rechts abzweigt und sehr steil ansteigend über Rasen und Fels, durch struppigen Tannenwald auf den sanft geneigten Alpboden der **Koderhoch-Alm** und zu dieser selbst führt. Von den primitiven Hütten weg geht man der nordöstlich aufragenden steinigen Kuppe zu und von dieser über einen schmalen, felsigen Sattel zur höchsten, mit einem Steinmanne gezierten Erhebung. Die Aussicht, im Ganzen wenig umfassend, ist für die Hochthorgruppe sehr instructiv und bietet namentlich der Anblick des grandiosen Hochthorgrates ein grossartiges Bild.

Den Abstieg kann man nördlich, über Fels und Rasen steil hinab zum Sulzkaarhund nehmen. Von dort entweder links (wie *ad IX*, Seite 35) nach Johnsbach zurück oder durch das Sulzkaar nach Hieflau (Seite 16).

ad XIX. **Ueber die Treffner- und Flietzen-Alm nach Admont** ca. 6 Std., sehr lohnende leichte Tour ohne alle Beschwerden. Man geht wie *ad g)*, Seite 35 über die Gruberhütte, und durch prachtvolle Waldbestände mühelos in 2 Std. zur herrlich gelegenen **Treffner-Alm** (daselbst grossartiges umfassendes Gebirgs-Panorama). Jenseits führt ein schöner Weg, anfangs sanft, später aber steil durch uralten, mit langen Bartflechten gezierten Nadelholzwald hinab in das Flietzenthal zur **unteren** und den Bach überquerend zur **oberen Flietzen-Alm** ⁴/₄ Std., am Fusse des Reichenstein in einem Gebirgskessel von grandioser Stimmung — imposanter Thalschluss. (Von hier aus dem Thale abwärts folgend, hinaus über Gaishorn (jetzt Haltestelle) nach Trieben im Paltenthale ca. 3 Std., nächster Uebergang nach Johnsbach für alle via Leoben kommenden Touristen).

Nun geht man von der oberen Flietzen-Alm, neben dem über riesige Felsblöcke herabbrausenden Bache auf schönem Wege aufwärts, um sich sodann links zu wenden und in dem westlichen obersten Zweige des Flietzenthales in sanften Serpentinen dem unterhalb des Kalbling gelegenen „**Kalbling-Gatterl**" (daselbst Jagdhaus gesperrt) zuzusteuern. (1 Std.) Vom Sattel aus imposanter Anblick des senkrecht aufstrebenden Kalbling und der Abstürze des Sparafeld, weiter hinaus der kühne Reichenstein.

Vom Sattel westlich führt ein bequemer Weg theils durch Wald, später über schöne breite Wiesen hinab bis zum Kalkofen, daselbst Wegtheilung: Rechts über die Siegel-Alm-Hütten zum **Schafferweg** (in 2¹/₂ Std. nach Admont) siehe Seite 68 und links in den breiten Thalkessel der Kaiserau und von dort auf schöner Strasse nach Admont. (Siehe S. 51).

ad XV. **Auf den Reichenstein** 2247 ᵐ., ca. 6 Std., schwierig und gefährlich. Diese nur von sehr geübten Touristen auszuführende Tour wird am besten von Trieben oder Admont aus via Flietzen-Alm unternommen (siehe Seite 65) und wird hier nur der Vollständigkeit halber angeführt.

Wer von Johnsbach diese Tour unternimmt, geht wie *ad g)*, Seite 35 zur Treffner-Alm und wandert sodann längs des Kammes über schöne Wiesen bis auf die Schneide der Pfarrmauer. Von hier nun hat man, ungefähr in gleicher Höhe bleibend, an den sehr steilen Hängen und über einzelne ebenfalls steile Felspartien nach links zu traversiren, bis zu der Seite 65 erwähnten Schlucht und klettert sodann, wie dort, auf die Spitze. Der eventuelle Vortheil liegt darin, dass man auf dieser Route die durch ihre ausserordentlich steilen Gras- und Geröllhänge unangenehmen unteren Partien des Reichenstein zum Theile vermeidet

ad XVI. **Ueber die Neuburg-Alm nach Hinter-Radmer** (4 Std.), leichter, aber nicht sonderlich lohnender Weg.

Man geht im Johnsbachthale aufwärts, an dem Kölblwirthshause vorüber, den Bach mehrere Male überschreitend, in das obere Johnsbachthal und in demselben zurück bis zur Mündung des Pleschbaches in den Johnsbach Nun wendet man sich links, erstlich etwas steil aufwärts, dann aber nahezu eben fort an mehreren Hütten vorbei zu der auf sehr morastigem Plateau gelegenen Hüttengruppe der Neuburg-Alm. (Von hier auch nördlich über den Hüpflingerhals in den Hartlesgraben und nach Hieflau, siehe Seite 17). Rechts weitergehend gelangt man gleich nachher auf den breiten Neuburg-Sattel und von demselben jenseits durch schönen Waldbestand in etwa 1 Std. nach Hinter-Radmer zum Schlosse Weissenstein (Gasthof).

Ein anderer Uebergang führt schliesslich noch durch den Pleschboden südlich auf den „Oniwurg" und jenseits über das Antonikreuz und Eiglesbrunner-Alpe nach Wald an der Rudolfsbahn (ca. 5 Std.)

Admont.

Admont ist das vielgerühmte und unbestritten schönste Juwel der grünen Steiermark. Nicht nur die hervorragende landschaftliche Schönheit lässt diesen, selbst die ohnehin mit einer reichen Fülle bestrickender Naturschönheiten ausgestatteten Glanzpunkte der oberen Steiermark noch weit überragenden herrlichen Platz so überaus sehenswerth erscheinen, sondern auch die grosse historische Vergangenheit, an welche uns das über acht Jahrhunderte alte Benedictiner-Stift gemahnt, stellen denselben unter allen Orten des ganzen Kronlandes in erste Reihe. Das touristische Publicum hat auch längst schon sein Urtheil gefällt, wovon die meist überfüllten Gasthöfe sprechendes Zeugniss ablegen.

Der Name Admont (ursprünglich Admunt) ist zweifellos celtischen Ursprunges und sagt ortsrichtig: „Wassermündung" — es münden hier nämlich zwei Bäche in die Enns (südlich der Lichtmess- und nördlich der Esslingbach). Die in vielen Urkunden vorkommende lateinische Bezeichnung „ad montes" ist viel jüngerer Herstammung. Der Bestand des Ortes ist uralt und soll schon unter Carl dem Grossen ein Fiscalhof „Adamunta" existirt haben. Das Stift wurde im Jahre 1074 durch Erzbischof Gebhard von Salzburg gegründet. (Die Einweihung des ersten Blasien-Münsters erfolgte am 28. September 1074) und hat in den achthundert Jahren seines Bestehens alle die wechselvollen Schicksale, welche ein derartiger Zeitabschnitt vermuthen lässt, durchgemacht. Das ursprünglich mit dem Benedictiner-Stifte verbunden gewesene Nonnenkloster (gegründet 1150) bestand bis in die Zeit der deutschen Religionswirren (1568), das Gebäude (gleich anfangs des Ortes) besteht noch.

Historisches:

Im Jahre 1152*) wurde das Stift und Kirche zum erstenmale total eingeäschert, erstand jedoch im selben Jahre noch in neuer Gestalt und schwang sich schon in den nächsten Decennien durch die zielbewusste Leitung seiner gelehrten Aebte und den Besitz mancherlei Privilegien zu hervorragender Bedeutung auf. Die Jahre 1261 und 1262 brachten über das ganze mittlere Ennsthal eine furchtbare Hungersnoth und allgemeine Auswanderung. Im Jahre 1276 besuchte Rudolf von Habsburg das Stift. 1322 hielt der unglückliche Friedrich der Schöne daselbst Heerschau.

Am 1. November 1777 brannte abermals ein Theil des Stiftes nieder. Schon im Jahre 1640 war eine Klosterschule und Gymnasium errichtet worden und unter Abt Kugelmayer (1788—1818) wurde das Stift in eine Akademie der Wissenschaften umgewandelt. Im Jahre 1865 wurde das ganze weitläufige Stift mit dem Münster und ein grosser Theil des Marktes durch eine furchtbare, mehrere Wochen lang wüthende Feuersbrunst, deren Spuren theilweise noch heute sichtbar sind, vollständig zerstört; bei dieser Gelegenheit gingen ausser den realen Werthen von ca. 800.000 Gulden auch eine grosse

---

*) Genaue historische Daten siehe: „Geschichte des Benedictiner-Stiftes Admont", von P. Jakob Wichner. 4 Bde. „Styria". Graz 1874—80 und „Kurzer Rückblick auf die 800jährige Geschichte des Benedictiner-Stiftes Admont", von P. Florian Kinnast, Oesterreichische Revue. V. Bd. Wien 1865.

Menge theils sehr werthvoller historischer Gegenstände, Kunst- und Bauwerke zu Grunde. Blos die Bibliothek, allerdings der grösste und geradezu unschätzbare Werth des Stiftes wurde wunderbarerweise gerettet. Das Stiftsgebäude — jedoch in bescheideneren Dimensionen — sowie das Blasien-Münster — dieses aber herrlich schön — sind wieder neu erstanden und bilden nach wie vor eine Hauptanziehungskraft. Ueber die Grösse des zerstörten Stiftes orientiren nachstehende Daten: Das Gebäude umschloss sechs grosse Höfe mit der Riesenzahl von 1180 Fenstern, das jetzige besteht aus drei Tracten, welche einen Hof begrenzen; das frühere Münster besass zwölf Glocken, das jetzige hat deren acht.

Der Markt Admont, eine lange, bis an die Enns hinabreichende Zeile schmucker, zum Theile ziemlich alter Häuser, macht den Eindruck grosser Nettigkeit, welcher durch den mit einer Kastanien-Allee gezierten Marktplatz und durch die schöne breite Hauptstrasse noch erhöht wird. Nahe der Enns ist ein reizender Ruheplatz; die von prächtigen Baumriesen beschattete Eichelau (Weg dazu vis-à-vis vom Gasthause „zum Huterer"). An der Enns liegt die grosse Dampfsäge von Gerstle & Co., ferner eine mächtige stiftische Lohstampfe; nahe der Bahn liegt das ausgedehnte Adam'sche Sensenwerk. Die hervorragendste Zierde Admonts aber ist das gegen die Strasse zu, von einer mit Schiessscharten versehenen Mauer umgebene Stift, mit dem herrlichen kühn aufstrebenden Blasien-Münster, dahinter schöner Park. Im Stifte ausgezeichneter Keller mit vorzüglichen Weinen.

Landschaftlich ist die Lage Admonts entzückend schön. Geht man die breite Hauptstrasse hinab, so gewahrt der Blick im Hintergrunde die wetterbleichen Felsschroffen der Hallermauern. Den schönsten Rundblick aber geniesst man von der Ennsbrücke oder deren Nähe aus. Da schweift der Blick hinüber den weiten grünen Plan des breiten Thales mit seinen zahlreichen, malerisch zerstreuten Ortschaften, zu den prachtvollen Felsgebilden, welche eine zackige Krone, vielgestaltig und in ihrem hellen Colorit dem farbenprächtigen Bilde ein wunderbares Ensemble verleihend, zum Firmamente aufragen. Nördlich haben wir die Kette der vielgipfeligen Hallermauern, nach Osten schliesst das wuchtige Massiv des grossen Buchstein das Thal, daran reiht sich der grandiose Hochthorgrat mit seinen schöngeformten Gipfelbauten und südlich endlich erheben die gigantischen Felsthürme des Reichenstein und Sparafeld ihre kühnen Häupter.

Diesen vorgelagert erquicken tiefgrüne Waldberge, aus denen lieblich das Schlösschen Röthelstein herabgrüsst, das Auge. Nach Westen aber versperrt der gewaltige, ebenfalls bewaldete Pleschberg das Thal, an seiner südlichen Flanke blinkt die Wallfahrtskirche Frauenberg aus dem satten Grün und im tiefsten Thaleinschnitt erscheint der kühne Obelisk des Hochthaussing.

Diese herrliche Runde mit den unzähligen Spaziergängen und Touren, das prächtig grüne Thal, der liebliche Ort mit seinen Sehenswürdigkeiten und historischen Denkmälern, die vorzügliche Unterkunft und — last not least — die freundliche und durchwegs fröhliche Bewohnerschaft verleihen Admont alle jene Eigenschaften, welche es zum Touristen-Standquartiere ersten Ranges qualificiren und gleichzeitig aber auch zu länger andauerndem Aufenthalte vorzüglich geeignet erscheinen lassen.

Gasthöfe: Draxler „Zur Post„ Stocker „Zum Buchbinder", Jerausch, Wölzenberger, Haider, Bartu, Mehlwög, (Fleischer), Brandacher. Friedl „Brauhaus" und „Friedrichshöhe". Ausserdem zahlreiche Privatwohnungen. Unterkunft im Allgemeinen vorzüglich und nicht theuer. Im Stiftskeller ausgezeichnete Weine.

Wagen: Nach Frauenberg 2spänn. fl. 3.50, 1spänn. fl. 2.—; Mühlau 2sp. fl. 4.50, 1sp. fl 2.50; Weng 2sp. fl. 3.—, 1sp. fl. 1.80; Gstatterboden 2sp. fl. 5.50, 1sp. fl. 3.—; Johnsbach 2sp. fl. 7.—, 1sp. fl. 4.50.

Führer: Janschitz, Choun, M. Kinz, Siegel u. A. durch die Wirthe zu erfragen. Führer im Allgemeinen nicht besonders gut. Forstpersonal nur durch Vermittlung der Forstverwaltung.

Tarife: Nach Röthelstein 60 kr., Trieben fl. 2.20, Buchau fl. 1.20, Spital fl. 3.—, auf den Pyhrgas fl. 4.—, Scheiblingstein fl. 4.—, Natterriegel fl. 4.—, Buchstein fl. 5.—, Kalbling fl. 4.—, Sparafeld fl. 4.—, Bosruck fl. 4.—.

A. **Sehenswürdigkeiten:**
Das Stift mit der Bibliothek, dem Münster und schönem Parke.

B. **Spaziergänge:**
1. In die Eichelau;
2. zum Schlosse Rötbelstein;
3. auf den Frauenberg;
4. nach Weng (Buchau);
5. nach Hall*);
6. in die Mühlau;
7. in den Rabengraben;
8. zur Kaiserau;
9. über die Kaiserau nach Trieben oder Rottenmann.

---

*) Einige von diesen Thalpartien sind vom Admonter Verschönerungs-Vereine mit Farben markirt.

C. **Touren:**
  I Auf das Pyhrgas-Gatterl;
  II. über das Pyhrgas-Gatterl nach Spital a. P. (Windisch-Garsten);
  III. auf den grossen Pyhrgas;
  IV. auf den Scheiblingstein;
  V. auf den Natterriegel;
  VI. auf den Hexenthurm;
  VII. auf den Hochthurm;
  VIII. über das Grabnerthörl in die obere Laussa;
  IX. über den Mühlauer Sattel in die obere Laussa;
  X. auf den Bosruck;
  XI. auf den Pleschberg;
  XII. auf das Dürrenschöberl;
  XIII. auf den Kalbling;
  XIV. auf das Sparafeld;
  XV. auf den Reichenstein;
  XVI. über die Kaiserau, Flitzen und Treffner-Alm nach Johnsbach;
  XVII. auf den grossen Buchstein.

Schilderungen:
A. Sehenswürdigkeiten:

Das **Stift „Admont"** ist, wie schon erwähnt, ein in schmuckloser Renaissance aufgebautes und drei Tracte umfassendes Gebäude, welches einen grossen Hof umfasst (vor dem Brande sechs Höfe), in welchem man noch zahlreiche Spuren des grossen Brandes gewahrt. Der Nord- und Südtract enthalten die Prälatur, Naturalien-Cabinet, Archiv und Kanzleien des Stiftes, der Osttract dagegen die berühmte und mit Recht eine Sehenswürdigkeit genannte Bibliothek (erbaut 1774—81). Dieselbe ist in einem von 60 Fenstern erhellten, architektonisch auf das reichste ausgeschmückten, durch zwei Stockwerke gehenden Saal untergebracht und weist die gewiss stattliche Zahl von weit über 80.000 Bänden auf, unter welchen sich zahlreiche, sehr werthvolle Stücke und überdies eine grosse Anzahl von Initialen und Incunabeln befinden. Der grosse Saal macht durch die überaus reiche Ausstattung den Eindruck von drei Räumlichkeiten, deren Centrum eine prunkvolle Rotonde einnimmt. Die zahlreichen Holzschnitzereien — meist Gegenstände von hohem künstlerischen Werth — sind zum grössten Theile Werke Stammel's; insbesondere seien genannt die vier Statuen in der Rotonde, welche durch ihre realistische Auffassung auffallen Die Plafondfresken stammen von dem berühmten Meister Bartolomeo Altomonte.

Die Besuchstunden für die Bibliothek sind in der Reisesaison Vormittag von 10—11 Uhr und Nachmittag von 4—5 Uhr.

Das **Blasien-Münster**, erbaut von Wilhelm Bücher, ist eine der herrlichsten Schöpfungen gothischer Baukunst. Durch ein prächtiges Portal betritt man das in ein Mittel- und zwei Seitenschiffe zerfallende Innere, welches eine prächtige Styleinheit aufweist. An die beiden Seitenschiffe schliessen sich je fünf Kapellen, unter welchen sich die Grüfte für die Aebte und Capitulare befinden. Die Sockel der reichgegliederten Säulen, welche die ganze Last des Münsters tragen, sind aus dem im benachbarten „Sunk" gebrochenen Pignolienstein hergestellt. Die Orgel weist 2512 Pfeifen mit 44 Registern auf. Die schönste Zierde aber sind die in bewunderungswürdiger Schlankheit, den kühnen Felsdomen der ringsherum von Mutter Natur aufgebauten Hochwarten nachstrebenden, 70 m hohen Thürme, welche ein weithin leuchtendes Wahrzeichen von Admont bilden.

In dem an den Haupttract des Stiftes angebauten einstöckigen Nebengebäude befindet sich die stiftische Apotheke und last not least — der „Klosterkeller" mit seinen vorzüglichen renommirten Weinen!

Gegen die Strasse zu schliesst eine uralte, mit Schiesscharten und Crenelirung versehene Befestigungsmauer den Raum ab. Rückwärts an das Stiftsgebäude schliesst der umfangreiche prächtige Park mit seinen schattigen Alleen, einem von Linden umstandenen Teiche, zwei Kapellen und Pavillon an, der zahlreiche schöne Ruheplätze und ausserdem ein hübsches Gewächshaus besitzt. Vom unteren Garten herrliche Rundschau.

Am Marktplatze befindet sich eine aus dem Jahre 1716 stammende Marienstatue. Ausserdem ist noch erwähnenswerth die uralte, aber sehr einfache Marktkirche mit dem sie umgebenden Friedhof.

B. **Spaziergänge:**

ad 1. **Elehelau.** Natürlicher Park längs der Enns, mit Ruhebänken versehen. Zugang vom Orte, gegenüber vom Gasthause zum Huterer. Nächster schattiger Spaziergang ausser dem Stiftsparke.

ad 2. **Zum Schlosse Röthelstein**, 817 m ($^1/_2$ bis $^3/_4$ Std.) Lohnendster Spaziergang von Admont aus (roth markirt). Man verlässt Admont in südlicher Richtung und wendet sich, nachdem man die Bahn überschritten, rechts, um: *a)* etwas kürzer, an dem direct nach Admont gewandten Abhang in sanften Serpentinen emporzusteigen oder *b)* die Strasse nach dem „Paradies" etwa 10 Min. zu verfolgen und sodann rechts abzubiegen und durch schönen Waldbestand dem auf einem 817 m hohen Bergvorsprunge thronenden, mit hübschen Thürmchen gezierten und einer Ringmauer umgebenen Schlösschen zuzusteuern. Das dem Stifte Admont gehörige Schloss wurde im 17. Jahrhundert erbaut, ist unbewohnt und weist mehrere altertbümliche, hübsch verzierte Säle mit einer Gemälde-Sammlung auf. Erwähnenswerth ist ein in Kunstschlosserarbeit ausgeführter alter Ofen. Die Plafondgemälde sollen von Altomonte sein. Im grossen Saale stellen die Leinwandtapeten die Parabel vom verlornen Sohne dar, zwischen deren einzelnen Episoden die stiftischen Besitzungen eingefügt sind. Im Schlosshofe steht eine majestätische Linde; ausserdem bestes Quellwasser der Umgebung. Die Rundschau ist eine herrliche und umfasst die sämmtlichen Gebirge der Umgebung, insbesondere die vielgipfeligen Hallermauern, welche von hier aus gesehen, gleich einem herrlichen Kranze das weite grüne Thal von Admont umgeben. Ganz besonders schön und der geringen Entfernung vom Standquartiere halber auch leicht zu geniessen, ist der Sonnenuntergang. Niemand möge versäumen, diesen kleinen Ausflug zu unternehmen — er gehört unbedingt zu den schönsten und ist sehr instructiv für die Umgebung dieses Theiles des Ennsthales.

ad 3) **Auf den Frauenberg**, 766^m (ca. 1 Std.). Westlich von Admont, scheinbar am Fusse des mächtigen Pleschberg gelegen, blinkt aus tiefgrünem Waldesrahmen die auf dem etwa 95^m über die Thalsohle erhabenen Kulmberge thronende, vielbesuchte Wallfahrtskirche Frauenberg lieblich hervor. Zu ihrem (sehr lohnenden) Besuche benützt man entweder *a*) die Bahn bis zur Haltestelle Frauenberg, überschreitet die dortige Ennsbrücke und geht anfangs ein Stück, die breite Reichsstrasse verfolgend, sodann aber links abweichend mühelos $^1/_2$ Stunde auf den Frauenberg; oder man geht *b*) über die Admonter Ennsbrücke und wandert auf der am Fusse des bewaldeten Leichenberg hinziehenden Strasse bis an den Fuss des Kulmberg, wo die Strasse scharf südlich abbiegt. Nun entweder etwas steil, aber ohne Beschwerde, über den Bergsporn direct, oder rechts fort bis zu einem Teiche und sodann links, wie *ad a*), zur Kirche. Dieselbe, 1404 erbaut, wurde 1423 zur Pfarrkirche erhoben und 1683 vollständig neu erbaut und mit dem schlossartigen Pfarrhofe versehen. In der Kirche, welche angeblich erbaut wurde, weil am Fusse des Berges eine Marienstatue angeschwemmt wurde, welche auch in der Kirche sich befindet, reiche Stuccaturarbeit; sehr schöner Hochaltar, hinter demselben uralte Marienstatue; Kreuzaltar mit Sculpturen von Stammel; Grabmal des Abtes Adalbert, † 1696; werthvolle Paramente und Prätiosen; im südlichen Thurme Glocke vom Jahre 1447; schöne Orgel; Kalvarienberg von sonderlicher Bauart. Die Zahl der Besucher steigt in manchen Jahren bis über 14.000.

Die Aussicht ist herrlich und reicht im Westen bis zum Dachstein, während sich ostwärts das schöne Thal von Admont lieblich ausbreitet und die Reichenstein- und Hochthorgruppe in schöngeformten Felszinnen zum Himmel aufstreben. — In der Nähe ziemlich gutes Gasthaus und zahlreiche Verkaufsbuden mit „Andenken" etc.

ad 4) **Nach Weng** (1 Std.). Die Wanderung nach dem am Fusse des Buchauer Sattels gelegenen Pfarrdorfe Weng entrollt uns prächtige Bilder aus dem schönen Thalkessel von Admont und bietet namentlich schöne Blicke auf die südliche Thalwand. Man verlässt Admont über die Ennsbrücke und wandert zwischen üppigen, theils stark versumpften Wiesen durch die Häusergruppe der Gemeinde „Gries" auf breiter Fahrstrasse, später an dem weitläufigen Grabner-Hofe, einer ehemaligen stiftischen Besitzung, vorbei nach Weng. Daselbst uralte Kirche (aus dem Jahre 1393) — gutes Gasthaus. Schöner Anblick der südlich aufstrebenden Reichenstein-Gruppe.

Von Weng gelangt man in 4 Stunden durch die **Buchau** und über **St. Gallen** nach der Eisenbahn-Station **Weissenbach**. (Sehr anempfehlenswerthe Wanderung.) — Gleich hinter Weng hebt sich die Strasse rasch auf den flachen Buchauer Sattel und führt jenseits in das breite Thal der Buchau, mit ihren sehr zerstreuten Wohnsitzen. Rechts blickt der ungeheuere Felsleib des grossen Buchstein in das Thal, links erheben der Grabnerstein, grosse Leckner und das Haselbacheck ihre Felsgipfel. Die Strasse führt nun durch den Wald rasch hinab zum prächtig gelegenen Eisenzieher-Wirthshause, (Besteigung des grossen Buchstein S. 67) und hinaus nach dem lieblichen St. Gallen mit der schönen Ruine Gallenstein. (Von hier rechts Strasse nach Gross-Reifling in 2½ Std.). Im Thale weiter in 35 Minuten nach Weissenbach.

ad 5. **Nach Hall**, (½ Std.), geht man auf schönem Wege direct von der Ennsbrücke weg, in nördlicher Richtung, das breite, mit weissschimmerndem Kalkschotter erfüllte Bett des Esslingbaches auf schmalen Stegen überquerend. (Die Fahrstrasse macht rechts einen grossen Bogen). Kurz vor Uebersetzung des Baches erblickt man westlich Theile der Dachsteingruppe und des Grimming. Das Dörfchen Ober- und Unter-Hall, in der Nähe schönes Jagdschloss, mit seinen zahlreichen am Fusse der vom Dörfelstein und Lärcheck herabstreichenden Hänge, malerisch zerstreuten Häuschen besitzt eine bezaubernd schöne Lage, der als prächtiger Hintergrund die schönen Felszinnen der aus dem Kessel der Mühlau aufsteigenden Haller-Mauern dienen. Es führt seinen

Namen (keltischer Abstammung) von den hier in früheren Zeiten schwunghaft betriebenen Salzwerken, welche im Jahre 1543, laut Uebereinkommen mit der Regierung, verschüttet wurden Die Kirche, auf einem kleinen Hügel thronend, wurde 1094 erbaut und 1680 und 1740 neu hergestellt. Zwei einfache Gasthäuser; das direct unter der Kirche gelegene, ist das empfehlenswerthere.

ad 6. **In die Mühlau** (von Admont 1^1/$_2$ Std.) Sehr lohnender Spaziergang. Von Hall wandert man noch eine ^{1}/$_2$ Std. im waldigen Thale des Esslingbaches, welcher hier ungeheure Schottermassen absetzt, mit kaum merkbarer Steigung, zurück zu der in einem prächtigen Gebirgskessel idyllisch gelegenen Liebl'schen Gewerkschaft. Die beachtenswerthen Drahtzugwerke, sowie eine seitwärts gelegene Restauration (Huber) mit Schiessstätte und Kegelbahn, sind umgeben von herrlichen Waldbeständen, während im Hintergrunde die kahlen Felsen des Scheiblingstein und grossen Pyhrgas sich erheben. Gleich oberhalb des Werkes sehr hübscher, ca. 40 m hoher **Wasserfall** des Volkernotbaches, sowie ein aufgelassenes, kaum mehr kenntliches Kupfererzwerk. Im Gasthause eventuell Nachtlager.

ad 7. **In den Rabengraben** (ca. 1 Std.), lohnender Spaziergang. — Der vom Grabnerthörl an den Gehängen des Lärcheck herabziehende Rabengraben weist in seinem unteren Theile mehrere sehenswerthe Tuffsteingrotten auf, welche man mittelst mühelosem Spaziergang von Admont aus besuchen kann. Man geht von Admont aus auf der Wenger-Strasse um den Fuss des Dörfelstein herum, bis etwa 10 Min. vor den weitläufigen Grabnerhof, woselbst man links abbiegt und, dem Bache entlang, dem Grabenausgange zuschreitet An einer Säge vorüber, betritt man den Wald und gelangt gleich hernach in den enger werdenden Theil des Grabens, woselbst zahlreiche, phantastisch geformte Tufffelsen den Thalwänden entsteigen, und zahlreiche Höhlen und Löcher aufweisen, welche zum Theile ziemlich tief in den Fels eindringen und regelrechte Grotten bilden. — In der ersten derselben soll bis vor circa 10 Jahren ein alter Mann gewohnt haben, der daselbst nach Schätzen gesucht hat — selbstverständlich gibt es auch allerhand mehr oder weniger schaurige Sagen von derselben. In der Nähe befindet sich auch ein hübscher Wasserfall.

Den Rückweg kann man über die „Pitz" — zu welcher man aus dem Graben links aufwärts steigt — und Unter-Hall nehmen.

ad 8. **Auf die Kaiserau**, ca. 1100 m (2 Std.). *a)* Ueber die Strasse auf den Lichtmessberg; *b)* über den Schafferweg.

Sehr lohnender, müheloser Ausflug! Man verlässt Admont in südlicher Richtung und wandert *a*) dem von mächtigen Schuttmassen umgebenen Bette des im Sommer meist ziemlich unbedeutenden Lichtmessbaches entlang, an dem Adam'schen Sensenwerke vorbei ins „Paradies" (gutes Gasthaus), von wo man einen prachtvollen Anblick der Haller-Mauern geniesst. Die schöne Strasse führt nun noch ein Stück im Thale (Veitl-Graben) weiter sanft aufwärts, an dem einfachen Gasthause „Zum Nagelschmied" vorbei, dann über die östlichen Gehänge auf den Lichtmessberg und in die breite Thalmulde der Kaiserau. Um *b*) über den Schafferweg zu gehen, überschreitet man die Bahn und wandert in gerader Richtung südlich zu dem weitläufigen Gehöfte „Oberhof", durch welches man in das „Kematen-Thal" gelangt; nunmehr rechts (roth markirt) aufwärts, auf den vom „Hahnstein" herabstreichenden Kamm und sodann nahezu eben längs dem waldigen Hange desselben, schliesslich wieder sanft ansteigend zur Strasse und auf derselben wie *ad a*) zur Kaiserau.

Die Kaiserau — die schönste Alpe der Welt genannt — liegt auf einem 6215·5 Ar umfassenden, prächtigen Thalboden, und besteht in einem einstöckigen, 19 Fenster Front besitzenden und mit einem zierlichen Thurme versehenen Schlosse und zahlreichen Nebengebäuden. Ein ehemaliges Bauerngut, wurde dasselbe im 16. Jahrhundert vom Stifte Admont angekauft und von demselben im Jahre 1718 in ein Schloss umgebaut, während das gegenwärtige Gebäude in den Jahren 1751—79 erstellt wurde. Die zahlreichen Zimmer enthalten hübsche Malereien und weisen u. a. eine Schlosscapelle und einen grossen Saal auf. Vom Balkone desselben hübsche Aussicht (Dachstein etc.). — Das Stift betreibt hier eine umfassende Alpenwirthschaft, pflegt ausserdem den höchstgelegenen Ackerbau in weiter Umgebung.

Auch die Lage dieser Alpe ist eine sehr schöne. Namentlich gewährt der im Hintergrunde, einem kühnen Horne gleich, aufstrebende Kalbling dem Bilde einen grossartigen Charakter. Ebenso grossartig ist die Aussicht, insbesondere nach Westen, wo der Dachsteinstock mit seinem schimmernden Gletschermantel sich zeigt.

ad 9) **Ueber die Kaiserau nach Trieben oder Rottenmann** im Paltenthale. *a*) Nach Trieben (3½ Std). Man wandert, wie *ad* 8), auf die Kaiserau, und — falls der Besuch derselben nicht beabsichtigt ist — verlässt man die Strasse dort, wo der Seitenweg zur Kaiserau abzweigt, um direct südlich durch Wald noch ein Stück auf den Kleeriedl anzusteigen. Jenseits geht es sodann steil — gleichfalls durch Wald — in einer Stunde nach Dietmannsdorf hinab, von wo man, den sumpfigen Thalboden überquerend, in einer halben Stunde nach Trieben (Eisenb.-Stat.) gelangt. — *b*) Nach Rottenmann verfolgt man die jenseits des Lichtmessberges sanft abwärtsführende Strasse weiter bis über einige Wiesen hinaus, welche schon am Abhange in das Paltenthal gelegen sind, von wo dieselbe in scharfer Wendung nach Osten (gegen Dietmannsdorf) abbiegt. Man wendet sich jedoch rechts an einem Gehöfte vorüber, in den wald- und wiesenbedeckten Graben und hinab nach Bärndorf (1 Std.), und wandert von dort über Büschendorf und St. Georgen in einer weiteren Stunde nach Rottenmann. — Bei beiden Wegen schöner Anblick der langen Kette der niederen Tauern mit dem Bösenstein etc. — Besonders lohnend im Frühjahre, wenn noch viel Schnee auf den Bergen lagert.

* * *

Die in mächtigem Halbbogen die nördliche Thalwand von Admont umschliessenden Haller-Mauern nehmen unter allen in das Gebiet der Enns zwischen Selzthal und Gross-Reifling gehörenden Berggruppen, was räumliche Ausdehnung anbelangt, den ersten Rang ein. Aus dem Winkel zwischen Enns und Pyhrnbach aufsteigend, erreichen dieselben bald im Grossen Bosruck eine bedeutende Höhe. Gleich nach der tiefen Depression des Pyhrgas-Gatterl culminirt der grosse Pyhrgas und zieht von da ab der Kamm grösstentheils als ausgesprochener Grat über den Grossen Scheiblingstein, Kreuzmauer, Hochthurm, Kesselkaargrat und Hexenthurm zum Natterriegel, von wo derselbe mit gänzlich veränderter Richtung über den Grabnerstein und Gross-Leckner zum Haselbacheck absinkt. Nordöstlich setzt sich die Kette noch im Maiereck, Schwarzeck und Hocheck fort, welch letzteres abermals bis an die Ufer der Enns reicht. Ausser der schon erwähnten tiefsten Depression des Pyhrgas-Gatterl haben wir noch zu verzeichnen im Hauptkamme: Den zwischen den Felsgipfeln des kleinen Scheiblingstein und Hochthurm einschneidenden Mühlauer Sattel und das zwischen Natterriegel und Grabnerstein situirte Grabnerthörl. Nördlich vom Haselbacheck schneidet der breite Sattel der Admonter-Höhe tief ein und begrenzt so den Hauptkamm, welcher in dem vorgenannten Gipfel sein nordwestliches Ende erreicht. Vom Hauptkamme zweigen mehrere Nebenkämme ab. Uns interessiren hauptsächlich die südlichen und die von denselben eingeschlossenen Thäler und Gräben. Wir haben da, von Westen nach Osten gehend, als ersten den vom Bosruck abzweigenden und über den Pleschberg zum Leichenberg absinkenden Kamm, sodann die vom Hauptkamme sich trennenden meist kurzen Rücken des grossen und kleinen Mühlauer Stadel, Waschenberg, Lärcheck mit dem Dörfelstein und das

Himmelreich Als Thaleinschnitte verzeichnen wir den Metsclitzbach-Graben und Ardning-Graben. Das Thal des Esslinghaches mit dem Kessel der Mühlau und in dieses Thal mündend den Volkernot- und Schwarzenbach-Graben Weitergehend sodann den Raben-, Geier- und Wengerbach-Graben. An Almen sind hauptsächlich zu nennen in der Umgebung des Pyhrgas-Gatterl die Gstattmaier Hoch- und Nieder-Alm, Brandtner-, Hiesel- und Hof-Alm. Am Fusse des grossen Scheiblingstein die Blechauer- und am Mühlauer Stadel die Liebl-Alm. Im Volkernot-Graben die Koch-Alm, am Waschenberg die Griesweber-Alm, und endlich an den Gehängen des Lärcheck, Natterriegel und Grabnerstein, die Pitz, Moser, Grabner und die Hütten in. Himmelreich. Alle diese Hütten können im Nothfalle, einzelne davon sogar ganz gut als Nachtlager dienen.

Die nördlichen Abdachungen sind im grossen Ganzen viel sanfter, als die meist ausserodentlich steilen Abstürze auf der Südseite der Haller-Mauern, doch entfalten sich auch dort wirklich grossartige Bilder rauher Kalkgebirgslandschaft. namentlich imponiren dort die ausgedehnten ungeheuren Schutthalden.

C. **Touren**:

ad I. **Auf das Pyhrgas-Gatterl** (1318 m; 3 Std.) Man wandert wie *ad* 5 über Hall in die Mühlau Die Werkhänser bleiben rechts liegen und man schlägt den breiten Weg ein, welcher dem Thaleinschnitte folgend, durch Wald sanft ansteigend, in 20 Min. zur Gstattmayr—Nieder-Alpe (971 m) führt. Von dieser herrlich gelegenen Hüttengruppe geniesst man rückblickend einen prachtvollen Anblick des Reichenstein- und des Hochthor-Zuges, sowie der näheren Haller-Mauern. Man geht nun noch ein Stück gerade fort, wendet sich aber sodann links und geht zuerst ziemlich steil. später wieder sanfter aus der Waldregion herauskommend, auf das Pyhrgas-Gatterl, d. i. der tiefeingeschnittene breite Sattel zwischen dem Pyhrgas einerseits und dem Bosruck andererseits.

ad II. **Ueber das Pyhrgas-Gatterl nach Spital am Pyhrn** (4¹/₂ Std.). Von Admont geht man wie vorhin auf das Pyhrgas-Gatterl (3 Std.) Die Sattelhöhe bildet die Grenze zwischen Steiermark und Ober-Oesterreich. Wenige Minuten nordwestlich abwärts gelangt man zur Brandtner-Alm (einfach). Davon rechts liegt auf sanftem Alpboden die Hiesel-Alm, über welche ein Steig zur jenseits des vom Pyhrgas herabstreichenden Kammes gelegenen Hof-Alm führt. Diese letztere besteht aus einem ziemlich geräumigen gemauerten Gebäude und kann ganz gut als Nachtlager dienen. — Von der Brandtner-Alm geht man direct in die Verschneidung des Trattenbachgrabens hinab und durch den Graben, stets dem Laufe des

Baches folgend, an der Körner-Alm vorüber, sodann am rechtsseitigen Gehänge und später, den sehr sehenswerthen Trattenbach-Fall passirend, hinaus in die lieblich gelegene Grünau, von wo man in 20 Minuten nach Spital am Pyrhn gelangt. Schön gelegener, alter Ort, mit beachtenswerther Stiftskirche, (in derselben schöne Fresken und Schnitzereien), schattigen Kastanien-Aleen etc. Zehn Minuten südlich die auf Fels gebaute Filialkirche St. Leonhardt. — Von Spital führt südlich eine schöne Kunststrasse über den 945 m hohen Pyhrn-Pass in 4 Stunden nach Liezen (Eisenb.-Stat.); nördlich die Poststrasse in 1½ Stunden nach Windisch-Garsten.

ad III. **Auf den grossen Pyhrgas**, 2244 m. Höchste Erhebung der Haller-Mauern; sehr lohnend und leicht. Weg roth markirt. (5—6 Std.)

Man wandert, wie *ad I*, in 1½ Std. in die Mühlau und von dort über die Gstattmayr-Nieder-Alm in weiteren 1½ Std. auf das Pyhrgas-Gatterl. Von hier aus kann man nun direct links neben der Schneide (der westlichen Seite der Weissmauer) jedoch etwas beschwerlich in circa 2 Std. die Spitze erklettern. Leichter ist es, auf dem Wege gegen die Brandtner- und Hiesel-Alm weiter zu wandern bis zu dem grünen Kamme, welcher sich vom Gipfel gegen den Lugkogel absenkt. Ueber denselben kann man sodann ohne jede Mühe und Beschwerde in 3 Std. den grossen Pyhrgas ersteigen. Ausserdem kann man noch vom Sattel weg, schief nach links weglos aufwärts steigen um den erwähnten Kamm weiter oben zu erreichen, wodurch etwas Zeit erspart wird.

Auf der Spitze Triangulirungszeichen und Gedenkbuch (von der alpinen Gesellschaft D'Ennsthaler). Die Aussicht ist überaus grossartig und umfassend, und wird kaum von einem der Gesäusegipfel übertroffen. Sie reicht nördlich bis in das flache Land von Oberösterreich hinaus, umfasst östlich die gesammten obersteirischen Berge bis zum Schneeberg (angeblich sogar Hermannskogel bei Wien), südlich und westlich endlich die niederen und hohen Tauern, Grimming, Dachstein und Todtengebirge. Ganz besonders grossartig ist insbesondere der Anblick der unmittelbaren Umgebung: Haller-Mauern, Reichenstein und Hochthorgruppe, sowie das Todtengebirge.

ad IV. **Auf den Gr.-Scheiblingstein**, 2200 m. (5½ Std.). Der Scheiblingstein ist die nächste Erhebung im Hauptkamme der Haller-Mauern, ist jedoch etwas niedriger als der grosse Pyhrgas und steht daher diesem in Bezug auf Aussicht nach. Doch ist seine Ersteigung immerhin interessant und instructiv. Zwei Wege: I. Man wandert zunächst in die Mühlau (1½ Std.) und zur Gstattmayr-Nieder-Alpe (½ Std.), sodann auf dem Wege zum Pyhrgas-Gatterl noch ein Stück weiter, bis wo der-

selbe aus der Thalverschneidung links hinaufführt, woselbst
man jedoch gerade fortgeht und in 1 Std. die Hoch-Alpe erreicht. Nun verfolgt man einen in nördlicher Richtung durch
das Krummholz ziemlich gerade aufwärts führenden guten
Steig, welcher nach ca. ³/₄ Std. über den vom Scheiblingstein
herabziehenden felsigen Kamm nach links in das zwischen
den grossartigen Abstürzen des grossen Pyhrgas einerseits und
des Scheiblingstein andererseits, eingebettete trümmererfüllte
Felskaar: die „lange Gasse" geleitet. Man durchschreitet nun
mehrere steinige Mulden in der Richtung gegen den Hauptkamm, und hat nun die Wahl entweder a) direct rechts an den
ziemlich steilen Rasenhängen und über kleine Wandeln in etwa
1¹/₂ Std. die Spitze zu erreichen, oder b) viel bequemer: gegen
den Hauptkamm in nördlicher Richtung auf eine mit einem
einfachen verwitterten Holzkreuze gezierte Erhebung zuzusteuern
um sodann rechts, dem Hauptkamme entlang, ohne alle Mühe
auf den Gipfel zu gelangen. II. Ueber die Blechauer-Alpe.
Man geht, wie ad I. zur Gstattmayr-Nieder-Alpe, oder wendet
sich gleich von der Mühlau rechts aufwärts und steigt über steile
Hänge zu der am steilen Südfusse des Scheiblingstein gelegenen
einfachen Blechauer-Hütte Nunmehr wendet man sich gerade
aufwärts über ziemlich steile Grashalden, von kleinen Wandeln
und Schutthalden unterbrochen (schwach sichtbare Wildfährten
benützend und sich immer etwas nach links haltend). Schliesslich überklettert man die Felsschneide nach links und gelangt
von der Westseite auf den Gipfel.

Der Gipfel des Scheiblingstein — vom Pyhrgas aus
gesehen, einem kahlen Riesenschädel vergleichbar — stürzt
nach Süden zu unmittelbar in einer senkrechten Wand ab.
Die Aussicht gleicht der vom grossen Pyhrgas bis auf den
grössten Theil des westlichen Panoramas, welches durch den
genannten Gipfel verdeckt ist.

ad V. **Auf den Natterriegel,** 2064 ᵐ (4¹/₂ Std.), leicht,
sehr lohnende Tour, überaus grossartige Fernsicht.

Man wandert auf der Wengerstrasse etwa ¹/₂ Std. bis
zu mehreren Gehöften und geht sodann links, einen Fahrweg
benützend, über Wiesen und später durch Wald rechts um
den felsigen Gipfel des Dörfelstein herum in 1 Std. auf die
auf schönem Wiesenplateau gelegene „Pitz" (fast gleichweit
ist der Weg über Unter-Hall und den durch den dortselbst
mündenden Graben aufwärts führenden Fahrweg). Von der
Pitz geht man anfänglich etwas links oder auch gerade
aufwärts gegen das Lärcheck, bis man auf den scharf
ausgetretenen Almweg kommt, der nun rechts weiter an den
Hängen des Lärcheck durch hochstämmigen Wald sanft aufwärts zu den im oberen Theile des Raben-Graben gelegenen

Kammler Hütten führt (1 Std.). Wird diese Tour mit Uebernachten in einer Alphütte projectirt, so geht man hier quer durch den Graben nach rechts und um den Kamm herum zur Moserhütte, von wo ein guter Steig abermals nach rechts und schwach aufwärts zu der geräumigen „Grabner-Alm" (mit heizbarer Stube) führt (ca. ³/₄ Std.).

Von den Kammler Hütten folgt man dem Graben weiter aufwärts und gelangt mässig ansteigend in 1 Std zum Grabner-Thörl. Nun steigen Geübtere direct über den Grat zu dem mit einer Stange gezierten Vorgipfel (nicht sonderlich schwierig), während man bequemer vom Thörl noch dem Osthang entlang traversirt, wobei man an Höhe etwas verliert, und schliesslich über Fels und Rasen leicht den Gipfel erreicht (1 Std.) Daselbst Bildstock und Gedenkbuch von der alpin. Gesellschaft D'Ennsthaler. (Für 1884 projectirt.)

Von der Grabner-Alm (zu welcher man auch von Admont direct durch den Geier-Graben in ca. 3 Std. über den Aleschberger Almweg steigen kann). sucht man zunächst den (NW.) oberhalb der Hütten befindlichen waldigen Kamm zu gewinnen, von welchem man sodann unter den Wänden nach links aufwärts dem Grabner-Thörl zustrebt. (1 Std.)

Der Natterriegel ist ein Aussichtsberg ersten Ranges und übertrifft, vermöge seiner exceptionell günstigen Lage die meisten selbst bedeutend höheren Berge der Umgebung. Unvergleichlich schön ist der Anblick der das Admonter Thal und das Gesäuse umgebenden Felszinnen, von denen der grosse und kleine Buchstein, der ganze Hochthorzug, Reichenstein und Sparafeld, sowie schliesslich die angrenzenden Haller-Mauern besonders schön sich repräsentiren; während aber gleichzeitig der Grimming und speciell der gletschergekrönte Dachstein sich schöner als von den meisten anderen Gipfeln zeigen. Von den hohen Tauern ist bei schönem Wetter die Ankogel- und Glockner-Gruppe (neben dem Grimming links) sichtbar. Die niederen Tauern und die Radstädter Tauern repräsentiren sich gänzlich ungehindert, blos vom Todtengebirge ist durch den Hexenthurm ein grosser Theil verdeckt. Dafür aber ist die Thalaussicht eine ganz besonders umfassende und reicht bis zur Donau.

ad VI. **Auf den Hexenthurm**, 2181 ᵐ, (5—6 Std.), schwierig und gefährlich. *a)* über den **Natterriegel**. leichter (6 Std.); *b)* über die **Griesweber-Alm**, schwieriger (5¹/₂ Std.).

a) Vom Gipfel des Natterriegel (siehe *ad V*, Seite 56) zieht ein mehrfach eingeschnittener und mit steilen Felsthürmen versehener, nur mühsam passirbarer Grat zum Hexenthurm hinüber Man steigt deshalb vom Gipfel (NW.)

über steilen, felsdurchsetzten Rasen und kleine Wandeln hinab in das Rosskaar und traversirt sodann die mächtigen Schutthalden auf der Nordseite des zum Hexenthurm hinziehenden Grates bis zu einer breiten aber sehr steilen Rinne, durch welche emporkletternd man ein höheres, ebenfalls steiles Schuttfeld erreicht. Ueber dasselbe gewinnt man gleich hernach den Grat und gelangt über von Rasenbändern durchzogene Steilwände rasch auf den mit einer Stange gezierten höchsten Gipfel (1 1/2 Std. vom Gipfel des Natterriegel).

Der höchste Punkt ist eigentlich eine nördlich von der Signalstange befindliche scharfe Felszacke. Die zweite, etwas niedrigere Spitze des Hexenthurm befindet sich, durch die ziemlich tiefe Stroblscharte getrennt, weiter westlich.

b) Von Hall geht man in das an grossartigen Scenerien reiche Schwarzenbachthal, durch welches ein guter Weg an einer (Liebl'schen) Mühle vorbei mässig steil aufwärts führt. Dort, wo die Thalsohle von mächtigen, nicht mehr passirbaren Felsterrassen unterbrochen wird, führt der Weg links über den sehr steilen, bewaldeten Hang (Einblick in die grandiosen Felsklammen des wildromantischen Schwarzenbach-Grabens) auf den Rücken des Waschenberg zur einsamen Griesweber-Alm hinauf (2 1/2 Std. von Admont). Wer nicht durch das Thal gehen will, geht bei der Liebl'schen Mühle links anfänglich in einem Seitengraben, dann aus demselben rechts heraus und auf dem Kamme, schliesslich unter dem Gipfel des Waschenberg rechts herum zu der Griesweber-Hütte.

Von den Hütten weg hält man sich links zur Einsattlung des Kammes, welcher vom Hexenthurm herabzieht. An der linken (nordwestlichen) Seite desselben schlängelt sich ein schmaler Gangsteig empor, quert später einen ausgewaschenen Felsgraben und einige Schuttriesen, und führt ziemlich steil zu einer Quelle. Nun über Gerölle und steile Grashalden bis zu den Wänden des Hexenthurm. In dieselben einsteigend, gelangt man zu einer steilen Felsschlucht und klimmt durch dieselbe zu einer felsigen Terrasse, welche mit ziemlicher Mühe, aber über festes Gestein erklettert wird. Nunmehr steigt man über sehr steilen Fels und Rasen rechts hinauf zur Stroblscharte, zwischen den beiden Gipfeln des Hexenthurm und von dieser geradeaus auf den höchsten Gipfel. (Von der Alpe weg 2—2 1/2 Std.)

Die Aussicht entspricht im Allgemeinen der vom grossen Pyhrgas, ist indess einigermassen beschränkter, dagegen ist der Abblick in die südlichen Abstürze der Haller-Mauern ein einzig schöner, und auch die Ansicht der übrigen Gipfel der Gruppe ein grossartigerer.

Der Abstieg kann nördlich durch das Rosskaar und das Pelzthal in die obere Laussa erfolgen. (Ca. 2½ Std)

ad VII. **Auf den Hochthurm**, 1959 m, ca. 4½ Std. Schwierig und gefährlich. Man geht von Admont, wie *ad IX*, siehe unten, durch den Volkernot-Graben in 2½ Stunden zur grossartig gelegenen Koch-Alm — daselbst eventuell Nachtlager. Von der Alpe weg steigt man in gerader Richtung über steilen Rasen, Geröll und kleine Wandeln zu der tiefen Scharte zwischen Hochthurm und Kesselkaargrat empor. Hier wendet man sich links und klettert (schwierig) über eine sehr steile, ziemlich glatte Wand auf den Hochthurm. (Ca. 2 Std.) Aussicht beschränkt auf die nächste Umgebung.

Ebenso sind die Touren auf die Kreuzmauer und den Kesselkaargrat wenig lohnend und unverhältnissmässig beschwerlich.

ad VIII. **Ueber das Grabnerthörl in die obere Laussa** (5½ Std.). Lohnendster und leichtester Uebergang in das Laussathal. Zum Grabnerthörl geht man, wie *ad V*, Seite 56, in 3½ Stunden (von der mit einer Signalstange gezierten Sattelhöhe — kurz vorher Quelle — geniesst man einen sehr schönen Anblick der niederen Tauern etc.). Jenseits steigt man nun auf gutem Steige in den zwischen Natterriegel und Grabnerstein eingesenkten Seeboden und über steinige Bergwiesen etwas steiler zu den ersten Hütten hinab. (¾ Std.) Von den Hütten gelangt man zunächst auf einen kleinen Boden, von welchem der Steig links über den sehr steilen, bewaldeten Hang in das Pelzthal hinabführt. Weiter schreitet man nun, fortwährend durch schönen Wald, an drei Hüttengruppen vorüber, hinaus in das Laussathal (1¼ Std.), woselbst man rechts, der Strasse folgend, in 5 Minuten zur „oberen Säge" gelangt. Wirthshaus. Prachtvoller Rückblick auf die Haller-Mauern.

Von hier nach Windischgarsten: Thalaufwärts (links) zur Sattelhöhe (1 Std.) in grossartiger Umgebung und jenseits hinab an den Zeitschen und Dambach und längs desselben in 2 Stunden nach Windischgarsten. Nach Weissenbach - St. Gallen: Der schönen Strasse (rechts) durch das, besonders in seiner oberen Hälfte wildromantische Laussathal folgend — wiederholt grossartiger Anblick der im Rücken imposant aufstrebenden Hallermauern — in 3½ Stunden genussreichster Thalwanderung über viele Brücken und durch wilde Felsklammen. Die Strasse, welche von Weissenbach-St. Gallen durch die Laussa und jenseits des Hengstsattels nach Windischgarsten hinabführt, ist die Rosenauer Kunststrasse.

ad IX. **Auf den Mühlauer-Sattel und nach Windischgarsten** (7—8 Std., schwierig — nicht anzurathen). Von den

Gewerken in der Mühlau führt ein Fussweg links in den vom kleinen Mühlauer-Stadel herabziehenden steilen Graben, und rasch aufwärts durch Wald, und zuletzt über steinigen Boden und Geröll um den Gipfel des kleinen Mühlauer-Stadels herum zu der auf breitem Sattel gelegenen, äusserst primitiven Liebl-Hütte. (1¹/₂ Std.) — Ist diese Tour mit Uebernachten auf einer Alpe beabsichtigt, so ist hiezu die Koch-Alpe zu benützen. Der Weg zu dieser in grossartiger Umgebung gelegenen Alpe führt vom Wasserfall des Volkernot-Baches links aufwärts über die waldige Lehne, sodann weiter an der westlichen Wand des in wilden, schauerlichen Klammen, aus denen das Tosen des zahlreiche Katarakte bildenden Baches heraufdringt, zu Thal ziehenden Volkernot-Grabens aufwärts. Bei einer Quelle kommt man wieder in den Graben hinab, woselbst ungeheuere Felsblöcke und Schuttmassen den Graben ausfüllen; dieser wird überquert, und sodann durch Wald und über Alpboden in Serpentinen zur Kochalpe aufgestiegen. (1¹/₂ Std.) Von der Alpe grossartige Rundschau auf die nächste Umgebung und südlich die Kette der niederen Tauern. Um zur Liebl-Hütte zu gelangen, überschreitet man, gegen den kleinen Mühlauer-Stadel zu, erst eine Wasserrinne, sodann einen von der Kreuzmauer herabstreichenden Kamm, und gelangt jenseits abermals in eine Verschneidung, aus welcher man schwach links heraussteigend zur Liebl-Hütte gelangt. (1 Std.) — Von der Liebl-Hütte weg steigt man nun gerade aufwärts, an den von der Kreuzmauer herabziehenden ungeheueren Geröllfeldern vorüber, über eine steindurchsetzte Grashalde zum Sattel hinauf. (1 Std.) Rechts zieht ein steiler Felsrücken zur Kreuzmauer hinauf — links erhebt der kleine Scheiblingstein sein felsiges Haupt. Nun geht es nördlich über den steilen Abfall, anfangs durch eine rothe Schuttrinne, sodann rechts aus derselben heraus und über kleine Wandeln und lockeres Geröll hinab auf den Grund des mächtigen Kaares zwischen Mitterberg und Kreuzmauer. Aus demselben meist pfadlos durch Krummholz hinab gegen den Wald und auf primitiven Steigen zur Lagl-Alpe. (2 Std.) Von derselben führt der Weg erst mässig steil durch Wald nach rechts, sodann aber direct hinab in den Dambach-Graben und durch denselben in 1³/₄ Stunden zur Strasse und über Dambach nach Windischgarsten 1¹/₄ Stunden.

ad X. **Auf den Bosruck**, 2009 m. Dieser schöne Felsgipfel ist nicht ganz ohne Beschwerde zu erreichen. Von Admont aus begibt man sich nach dem zwei Stunden entfernten Ardning (am besten mittelst Bahn nach Frauenberg) und geht sodann auf gutem Fahrwege auf dem rechten (westl.) Hange des Ardning-Grabens zum grossen Theile durch schönen Wald über die Angerer-Hütten zu den Hütten am Arling-Sattel (daselbst eventuell Nachtlager). Von den Hütten, und zwar den südlich des Sattels gelegenen, weg, hat man nun auf der Südseite eine Reihe mächtiger Geröllfelder nach links zu traversiren (in den Wänden oberhalb die sogenannten Wildfrauenlücken) bis zu einer rasenbedeckten Rinne am Ende der Schutthalden. Durch dieselbe steigt man soweit aufwärts, als dieselbe gut gangbar ist, wendet sich sodann links aus derselben heraus, und erklimmt über sehr steile Grashalden und kleinere Felspartien die Schneide zwischen Kitzstein und Bosruck. Nunmehr klettert man jenseits (nördlich) auf ein vom Gipfel herabziehendes Schuttfeld hinab und schliesslich über grobes Geröll auf die Spitze. Etwas bequemer ist der nachfolgende Weg: Bevor man, wie oben, zu den Angerer-Hütten gelangt, wendet man sich links und betritt die Alpe am Rossfeld (Rossboden). Von derselben wendet man sich anfangs auf schwach sichtbarem Steige nach links; nachdem man aber aus dem Krummholz herausgekommen, nimmt man den directen Anstieg über steile Schuttrinnen, kleine Wandeln und Rasen, und trachtet den Kamm zwischen Kitzstein und Bosruck zu gewinnen, sodann wie oben auf die Spitze.

Die Tour auf den Bosruck ist, mit Rücksicht auf die Strapazen, keine besonders lohnende zu nennen, die Aussicht, speciell auf die nähere Umgebung, immerhin interessant. Führer ist in Admont keiner aufzutreiben; zu empfehlen: Ferdinand Stadelhuber aus Spital am Pyrhn.

ad XI. **Auf den Pleschberg**, kurzweg „Plesch" genannt, 1718 ^{m}, (3$^1/_2$ Std.). Dieser mächtige, gedrungene Kegel, der bis hoch hinauf mit Wald bedeckt ist, bietet einen sehr hübschen Anblick der Haller-Mauern, sowie des breiten Admonter Thalbeckens, und ausserdem eine schöne, wenn auch etwas beschränkte Fernsicht. Man wandert von Admont nach Hall, wendet sich dort links in die „Zirnitz" und steigt von da nach rechts auf langwierigen Waldwegen über zwei Schwaighütten auf den, den Klammgraben begrenzenden Kamm und dann links zur rasenbedeckten Kuppe des Pleschberges empor. Daselbst befindet sich ein einfaches Holzkreuz, zu welchem alljährlich eine Procession von Admont heraufzieht.

Man kann diesen Berg ausserdem auch von der Ennsseite aus besteigen, nur hat man dann bedeutend steiler anzusteigen. Schwierigkeiten bietet derselbe indess nirgends. Zu diesem Zwecke geht man von Zirnitz links auf den Sattel und sodann rechts gerade aufwärts.

ad XII. **Auf das Dürrenschöberl**, 1738 ^{m}, 3$^1/_2$ Std., leicht, sehr lohnend! Das Dürrenschöberl ist die erste namhaftere Erhebung jenes gewaltigen Urgebirgs-Kammes, welcher sich aus der Gabelung des Enns- und Paltenthales erhebt und nördlich über den Semmering bis gegen Ternitz in Nieder-Oesterreich streicht. Vermöge seiner Lage an der Vereinigung dreier mächtiger Thäler besitzt dieser, ohne jegliche Beschwerde ersteigbare Berg eine ganz ausserordentlich grossartige und umfassende Aussicht, als deren Glanzpunkte die Dachstein-Gruppe und Theile der hohen Tauern zu nennen sind — ungeachtet der prachtvollen Rundschau auf die nahen Kalkgipfel der Haller-Mauern etc., den langen Zug der schöngeformten niederen Tauern und die reizenden Thalansichten auf drei Seiten. — Zu seiner Ersteigung wandert man in ca. 1 Stunde nach dem unbedeutenden Dörfchen Aigen (oder benützt die Bahn bis zur Haltestelle Frauenberg und geht sodann 10 Minuten auf der Strasse zurück), von wo man sich links in den direct vom Dürrenschöberl herabkommenden waldigen Graben wendet. Durch denselben führt ein hübscher Almweg in $1^1/_2$ Stunden zu den Dürren-Hütten. nach welchen man den von sumpfigen Wiesen bedeckten Kamm gewinnt und ohne Mühe zur Spitze gelangt. (1 Std.) — Abstieg südlich über die Messner-Alpe nach Rottenmann.

*

Südlich von Admont erhebt sich, in kühne Gipfel auslaufend, die Reichenstein-Sparafeld-Gruppe. Die höchste Elevation ist der lange Zeit für unersteiglich gehaltene Reichenstein. Durch die wahrscheinlich unpassirbare Wildscharte — ein Gebilde wirklich erstaunlicher Felswildniss — getrennt, thürmt sich das gegen diese Seite zu in senkrechten Wänden abstürzende und nur um 30 m niedrigere Sparafeld auf. Vom Sparafeld zieht eine sanfte grüne Mulde (Speikboden) zum Kalbling hinüber, dessen mit einem Kreuze gezierte Kuppe jedoch gegen Süden ebenfalls in jähen Wänden abbricht. Dort, wo die Abdachung des Kalbling (N.) auf dem genannten Plateau verläuft, schwingt sich, anfänglich nordwestlich verlaufend, dann aber in mächtigem Bogen südwestlich abbiegend, ein beiderseits steil abfallender, theilweise gratartiger Kamm zum Kreuzkogel, dem westlichen Eckpfeiler der höchsten Erhebungen. Von Admont sind die schöngeformten Gipfel dieser Gruppe nur von den der Enns nahegelegenen Theilen aus sichtbar, verlässt man jedoch Admont in nördlicher Richtung, so streben diese kühnen Felsgebilde umso imposanter auf, je mehr man sich den Haller-Mauern nähert. Ebenso bilden dieselben einen Theil der wunderbaren Rundsicht aus dem Gesäuse (insbesondere von der Gstatterbodner Brücke).

ad XIII. **Auf den Kalbling,** 2189 m. Zwei Wege.
a) Ueber die Kaiserau und das Kalbling-Gatterl;

b) über die **Scheiblegger-Hochalm** und den **Kreuzkogel**. (Letzterer Weg in einem ganz kleinen Theile etwas schwierig — sonst beide leicht!)

a) Man geht von Admont aus auf der Strasse über das „Paradies", oder schöner dem Schafferweg (siehe Seite 51) bis etwa 20 Min. nach der Vereinigung beider, wo sich links der Thaleinschnitt mit der Siegel-Alm öffnet. Will man nun die Alpe Kaiserau besuchen, was besser am Rückwege geschieht, so geht man den Fahrweg entlang noch weiter fort, bis zum breiten Kaiserau-Plateau, wie ad 8), Seite 52. Sonst verlässt man bei der vorhin erwähnten Stelle den Fahrweg und biegt links ein (bedeutende Abkürzung), wo man meist durch Wald an den Siegelalm-Hütten vorbei, auf gut ausgetretenem Wege zum stiftischen Kalkofen geht (hier Vereinigung mit dem Wege von der Kaiserau) und hernach dem Sattel, dem sogenannten Kalbling-Gatterl zustrebt. Am ganzen Wege prächtiger Anblick des hier gleich einem kühnen Horne aufstrebenden Kalbling. Am Sattel die sogenannte Flietzen-Jagdhütte (gesperrt). — Nunmehr wendet man sich. (N.) direct den unmittelbar oberhalb des Sattels ansteigenden, meist senkrechten Wänden des Kalbling zu, bis an deren Fuss ein schmaler, aber meist ganz gut kenntlicher Serpentinensteig hinanführt. Dort angelangt, wendet man sich nach links, um den felsigen Fuss des Kalbling herum, und verfolgt den steilen, aber wenn auch schmalen, so doch nirgends irgendwie gefährlichen Steig, der schliesslich direct (W.) neben dem Kalbling in eine grüne Verschneidung ausläuft. Noch wenige Schritte aufwärts ist man auf dem mit weichen Rasen bedeckten Plateau, und rechts dem sanften Kamme folgend, steht man ohne sonderliche Anstrengung bei dem Kreuze auf der breitgewölbten Kuppe des Kalbling. (4$^1/_2$ Std. von Admont).

b) Ein zweiter, interessanterer Weg führt über den **Kreuzkogel** auf den **Kalbling**. (Von Admont 4$^1/_2$ Std.) Man verlässt Admont, wie vorhin, in südlicher Richtung, und betritt jenseits der Bahn den Fahrweg, der durch das Gehöfte „Oberhof" führt; welchen verfolgend, man in das zwischen Hahnstein und Kreuzkogel herabziehende Kematen-Thal gelangt. Dieses selbst — durchwegs von harzduftendem Tannenwald bedeckt — durchschreitet man bis zu dem ganz rückwärts gelegenen Kalkofen, neben dem links ein schmaler Serpentinensteig über den steilen, waldigen Hang hinaufführt. In ziemlicher Höhe biegt der sonst ziemlich gerade ansteigende Pfad scharf nach rechts ab — woselbst aus den senkrecht aufstrebenden Wänden des Hahnsteines ein krystallener Quell hervorbricht, der den Namen zum „Steinernen Wirthe" führt. Wieder auf den früheren Weg zurückgekehrt und gerade aufsteigend tritt man bald nachher aus dem Walde heraus an die scharf abgegrenzte Region des Krummholzes, welches hier als ein undurchdringliches Dickicht zwischen den beiderseits aufstrebenden Felsschroffen herabzieht. An dem Zaungatterl theilt sich der Pfad — links durch das Krummholz führt der „Almweg" — rechts durch den steinigen Grabengrund (etwas kürzer) heisst es im „Steinklopf" — beide mühelos. Aus dem Krummholze herauskommend, betritt man das sanftgeneigte Wiesenplateau der Scheiblegger-Hochalm. (Bis hieher 2—2$^{1}/_{4}$ Std.). Die Lage dieser Alpe — noch mehr aber die Fernsicht von derselben, ist eine unbeschreiblich schöne. Wenn wir nur erwähnen, dass einerseits die Dachsteingruppe in ihrer ganzen Grösse, bei halbwegs klarem Wetter selbst die Glocknergruppe unbehindert sichtbar ist, während andererseits der Kalbling hier als eine ungemein kühne Pyramide aufstrebt, so dürfte schon daraus hervorgehen, dass eine Wanderung selbst bis hier herauf schon sehr lohnend ist.

Nachdem man sich an dem neben den Hütten sprudelnden letzten Quell erquickt hat, beginnt man den weiteren Anstieg gleich hinter den Hütten erst über Rasen, später an dem Rande des stets zur Rechten bleibenden Absturzes, und gelangt nach ca. $^{1}/_{2}$ Stunde auf den mit einem Kreuze gezierten „Kreuzkogel". Von diesem Gipfel zieht ein langer, nur von ganz geringen Depressionen eingeschnittener Kamm in mächtigem Bogen zum Kalbling hinüber — meist auf der linken Seite desselben bequem hinschreitend, nähert man sich einer felsigen Terrasse, der sogenannten „Riffel" (die letzte Erhebung vorher, wird entweder überklettert oder rechts unter den Wänden umgangen). Durch einen Felsspalt*) (der die einzige etwas exponirte Stelle bietet) erreicht man gleich nachher das Plateau — woselbst Vereinigung mit Weg a) und rechts über den grünen Kamm in ca. 20 Minuten der Kalbling erstiegen wird.

ad XIV. **Auf das Sparafeld**, 2245 m, dessen höchster Gipfel als „Sparafeldthurm" bezeichnet wird, (von Admont 5 Std.) geht man genau wie vorhin *ad a)* oder *b)*, und lassen sich diese beiden Gipfel (Kalbling-Sparafeld) am besten in einer Tour machen. Lohnender ist indess das Sparafeld, und geht man, falls man den Kalbling nicht ersteigen will, gleich direct über die grüne Mulde des Speikbodens auf das weiter rückwärts sich erhebende Sparafeld los. welches man in ca. 35—40 Minuten ohne jede Schwierigkeit ersteigt.

---

*) Wegverbesserung von der alpinen Gesellschaft „D'Ennsthaler" projectirt.

Dasselbe mit einer Pyramide geziert, ist ein gegen die andere Seite zu äusserst wild und schroff abstürzendes Horn, welches eine wirklich überraschend grossartige Aussicht bietet. Nach Süden, Westen und Norden schweift der Blick gänzlich ungehindert hinaus. Südlich beginnen die niederen Tauern (Bösenstein etc), darüber der Ankogel, weiter westlich wird die Glocknergruppe prächtig sichtbar. Dann strebt neben dem Grimming der Riesenleib des Dachstein mit seinem flimmernden Gletscherdache empor. Daran reiht sich das Todengebirge, dem vorgelagert die Haller-Mauern sich als zackiger Kranz präsentiren. Noch weiter rechts entsteigt den grünen Vorbergen das kahle Felsmassiv des grossen Buchstein und gleich anschliessend der Tamischbachthurm. Den Glanzpunkt aber bildet die Hochthorgruppe mit ihren prallen Riesenwänden und elegant geformten kühnen Gipfelbauten. Gleich nebenan erhebt der Reichenstein — nicht sonderlich günstig sich präsentirend — seine breite Stirne. Aber auch die Thalansicht ist herrlich schön, insbesondere das breite Thal von Admont mit seinen zahlreichen Ortschaften und dem blinkenden Bande der Enns, welches sich in die Enge des Gesäuses verliert. Südlich blickt man senkrecht hinab auf die Flietzen-Alm und weiter hinaus in das Paltenthal mit dem Gaishorner See. — Vom Kalbling ist die Aussicht weit weniger umfassend, aber immerhin auch sehr lohnend. Ausserdem ist noch auf der Mulde zwischen den beiden Gipfeln sehr reiche alpine Flora, insbesondere der wohlriechende Speik!

ad XV. **Auf den Reichenstein,** 2247 ^{m}. Schwierig und gefährlich, nur für vollständig schwindelfreie Touristen. Von Admont zur Flietzen-Alpe 3—3½ Std., von dort auf die Spitze 4—5 Std.

Diese Tour wird am günstigsten von Trieben im Paltenthale aus unternommen, da man von dort dieselbe in einem Anlaufe ausführen kann. Von Admont geht man, wie *ad XVI*, Seite 66, über den Schafferweg auf das Kalbling-Gatterl, d. i. der Sattel, welcher den Kalbling mit dem Laargang verbindet. Gleich neben der dortselbst befindlichen Jagdhütte (gesperrt) betritt man einen schönen breiten Weg, der jenseits rasch zu der oberen und unteren Flietzen-Alm hinabführt (Daselbst Nachtlager im Heu!) Der Rundblick von dieser Alpe ist grossartig, das Thal verzweigt hier in mehrere von wilden Bächen durchrauschte Gräben und Schluchten, welche sich hoch hinauf in die starrende Felswildniss verlieren. Ganz links erhebt sich der Kalbling, daran schliesst in breitem Aufbau der Leib des Sparafeld, und nun schartet sich die charakteristisch benannte Wildscharte tief ein, rechts davon erhebt sich der Felskoloss des Reichenstein, der hier die ganze Umgebung beherrscht.

Von den Almhütten weg verfolgt man zuerst den mächtigen Bach, welchen man erst ziemlich weit oben, wo eine mächtige Geröllhalde, oder im Frühjahre ein grosses Schneefeld von rechts herabzieht, und strebt nun in einem grabenähnlichen Einschnitte rechts aufwärts, wobei ein weit oberhalb entspringender Bach das sogenannte „Goldbründel" stets links bleibt. Durch Krummholz und Rasen steil hinauf, stets etwas nach rechts, kommt man bald zu den letzten einzelnen Bäumen und gleich hernach zu einer Gasse im Krummholze (links), welche eine Art Couloir, gerade hinaufführt (hier Beginn der rothen Markirung!) und welche durchklettert wird. Nach Passirung dieser Stelle kommt man aus der Region des Krummholzes heraus und ersteigt über sehr steilen Rasen, sich etwas nach links haltend, die Schneide eines kurzen Kammes, welcher aus dem Massive etwas vorspringt. Nunmehr gelangt man über äusserst steilen Rasen und Gerölle zum ersten, leicht passirbaren „Wandel", nach dessen Passage man oberhalb eine steile, tief eingerissene Schlucht erblickt, und welcher man zustrebt. In der Schlucht, deren Grund sehr steil ist, klettert man einige Schritte hinauf und wendet sich sodann an die linke Wand. Diese nahezu senkrechte Wand, bei deren Ueberkletterung der Körper vollständig exponirt ist, bietet die Hauptschwierigkeit; oberhalb ist noch eine sehr steile Rasenstelle, welche meist vereist oder nach Regen sehr schlüpfrig, Vorsicht erfordert. Von da ab strebt man, unverändert steil ansteigend, gerade aufwärts über Rasen und Gerölle; erst vor der letzten Gipfelwand wendet man sich wieder nach links. Gleich hernach kommt man auf den Gipfelgrat und über diesen rechts auf den Gipfel selbst. Derselbe, ein langgestreckter, bogenförmiger Grat, ist mit zwei Steinmandeln geziert. Die Aussicht ist gleich der vom Sparafeld grossartig und umfassend. Eigenen Reiz bietet noch die thurmähnliche Figuration des Berges, welche dem Rundblicke einen speciellen Charakter verleiht.

Fast noch mehr Vorsicht als der Anstieg erfordert der Abstieg, da man neben der Kletterarbeit besonders die wirklich unglaublich steilen Rasenbänder und Felsplatten zu überwältigen hat, die von der Alpe weg ununterbrochen bis zur Spitze andauern und im Abwärtsgehen oft recht unangenehm werden!*)

ad XVI. **Ueber die Kaiserau, Flitzen und Treffner-Alm nach Johnsbach.** Diese ausserordentlich lohnende, dabei durchaus nicht beschwerliche Tour wird neuerer Zeit vielfach ausgeführt. Man geht entweder (*ad 8*) über die Kaiserau zum Kalkofen in $2^{1}/_{4}$ Std., oder direct über die Siegel-Alpe

---

*) Gerade bei Schluss des Werkes wurde auch die Nordwand forcirt und bietet dieselbe bedeutende Schwierigkeiten.

(ca. 1³/₄ Std.), wie *ad XIII*, und von dort in 1 Std. zum Kalbling-Gatterl. Von denselben geniesst man einen schönen Anblick des unmittelbar oberhalb aufstrebenden Kalbling, sowie des Sparafeld Jenseits geht es nun auf schönem Wege rapid hinab in ³/₄ Std. zur hinteren und vorderen Flietzen-Alm. Von derselben grossartiger Rundblick auf die grandiose Felswildniss des Sparafeld und Reichenstein. Insbesondere ist es der letztere, durch die unnahbare tiefeinschneidende Wildscharte vom ersteren getrennte Felskoloss, welcher das ganze Bild beherrscht. (Von hier südlich durch das Thal hinaus nach Gaishorn und Trieben.) Man geht nun direct von den vorderen Hütten, anfänglich in südlicher Richtung und ziemlich eben, sodann aber sehr steil, durch alten, hochstämmigen Nadelholzwald in 1¹/₄ Std. zu der auf mattenbedecktem Kamme herrlich gelegenen Treffner-Alm. Von derselben grossartiges Gebirgspanorama, sowohl nähere Umgebung: Sparafeld, Reichenstein, Buchstein, Oedstein, als auch südlich die Sölker-Alpen etc. Von den primitiven Hütten wandert man nun östlich, unausgesetzt durch üppigen, theils morrastigen Wald, an der tief gelegenen Gruber-Alm vorbei, hinab nach Johnsbach (1¹/₂ Std.), wo man unmittelbar das „Donner's Gasthaus" herauskömmt.

ad XVII. **Auf den grossen Buchstein**, 2224 m, 7¹/₂ Std. Sehr lohnend. (Näher vom Gstatterboden, Seite 28). Von Admont über Weng auf den Buchauer-Sattel und zum Jagdhaus (2 Std.). Nun *a*) rechts aufwärts durch den Wald zur Schneide und jenseits hinab in den Gschiesslgraben (1 Std.). Nun wieder rechts aufwärts zu einer grossen Schutthalde (Vereinigung mit dem Eisenzieher-Weg), über dieselbe zur Schlucht und auf die Spitze (3¹/₂ Stunden.) Oder *b*) noch 1 Stunde weiter bis zum Eisenzieher-Wirthshause (gut) und von dort über die Eisenzieher-Alpe zur Schlucht und auf den Gipfel. (Leichtester Anstieg.)

Die Zweigbahn Hieflau-Eisenerz.

Bei Hieflau zweigt von der Hauptstrecke der Kronprinz Rudolf-Bahn die dem Erzbache entlang nach Eisenerz meist mit einer Steigung von 1:40 in unzähligen Windungen führende Flügelbahn ab. Vom Hauptbahnhofe Hieflau, durch den Wagtunnel getrennt, liegt, schon im Thale des Erzbaches der Rangirbahnhof. Die Bahntrace führt anfangs an den mit schwellenden Matten bedeckten Gehängen des Wagriegel hin, übersetzt sodann, schon ausserhalb des reizend gelegenen Ortes Hieflau auf schöner Eisenbrücke den Erzbach und leitet unter den senkrechten Hiefler-Mauern zur einsamen Station „Radmer", welche an der Vereinigung des Erz- und Radmerbaches gelegen ist und den Verkehr in das Radmerthal ver-

mittelt, von wo aus man auch die schöne Felspyramide
des Lugauer erblickt. Die Bahn, welche im weiteren Verlaufe
den Erzbach (vor und nach der Jassingau, noch zweimal überbrückt, führt nun in dem meist engen Thale, mit prächtig
wechselnden Fels- und Waldscenerien und mit Ueberwindung
bedeutender Steigungen aufwärts. Rechts münden nacheinander das Thal der Dürren-, kalten und grossen Fölz, links
dagegen der Höllgraben, Ofenbachgraben und das MünichThal (mit dem Leopoldsteiner-See). Rückblickend gewahrt
man ab und zu den das Thal mächtig überhöhenden, von hier
aus einem schlanken Horne gleichenden Tamischbachthurm,
während im Vordergrunde (links) die See-Mauern (Ochsenbrand) immer imposanter und grossartiger sich erheben, je
näher man ihnen rückt, bis nach Passirung des lieblich gelegenen Schlosses Leopoldstein der kühnaufstrebende Felsgipfel des Pfaffenstein dominirend in das prächtige Bild eintritt.
Jetzt erscheint auch im Hintergrunde der mächtige Kegel des
Erzberg, und wird auch der Thalboden breit und eben. Zahlreiche Gehöfte und Hütten beleben das prächtige Grün der
den Erzbach begleitenden herrlichen Wiesen und Wälder, und
mehr und mehr erkennt man die zahlreichen Tagbauten auf
dem roth gefärbten Erzberge, welcher als ein wuchtiger Kegel
das Thal scheinbar abschliesst. Nun erblickt man rückwärts
rechts über den Häusern und qualmenden Hochöfen den
altersgrauen Schichtthurm, das Wahrzeichen des uralten Ortes,
und gleich hernach entsteigt man am Endpunkte der Bahn in
Eisenerz dem Waggon.

   Es sei hier noch hinzugefügt, dass auch die Fusswanderung von Hieflau nach Eisenerz oder umgekehrt sehr lohnend
ist. (Fahrtdauer 57 Min.)
   Die
Eisenbahnstation Radmer
liegt in engem, von steilen bewaldeten Hängen eingeschlossenen Thalkessel am Zusammenflusse des Erz- und Radmerbaches.
Von Hieflau gelangt man entweder mittelst Bahn oder zu Fuss
in 35 Min. auf der schönen Strasse, welche zwischen den
senkrechten Hieflermauern einerseits und den Steilhängen des
Scheuchernkogels andererseits in hübscher Thalenge hinführt
zur Station.
   Gasthäuser: Am Erzbache 10 Min. aufwärts Hubwirth; 15 Min. Jassingau (Siegl); im Radmerthale bis zur
Mündung des Krautgartengrabens, 10 Min., daselbst: Fluchwirth
(hier eventuell Wegweiser zu erfragen).
   Ausflüge:
   1. **Auf den Lugauer**, 3 Std., sehr lohnend; leicht, nur
im letzten Theil kleine Kletterei; vom Fluchwirth geht man,

die mächtigen Kohlstätten, welche am Ausgange des Grabens sich befinden, zurücklassend, in den von prachtvollem Walde bedeckten Krautgarten-Graben. Der mächtige Felsobelisk des Lugauer und die düsteren Wände, in denen der „Polster" und der „Scheucheggkogel" hier abstürzen, bilden einen imposanten Thalschluss. Gleich neben den rechtsseitigen Hütten führt ein hübscher Serpentinenweg durch den steilen Wald gegen die Wände des Zwölferkogels hinauf, sodann unter denselben links fort bis zum Weinberg-Sattel (1 Std.) und um dem Rücken des Scheucheggkogels herum zur Scheuchegg-Alpe ($^1/_2$ Std.). Von dort auf den Gipfel wie *ad IV*, Seite 17.

2. **Auf den Kaiserschild**, $4^1/_2$ Std., lohnend und nicht sonderlich beschwerlich, Führer kaum zu finden. Von der Jassingau geht man in 5 Min. zum Ausgange des Grabens der „Dürren Fölz", in welchen ein guter Fahrweg immer ziemlich nahe dem meist trockenen Bachbette, über felsigen Waldboden rasch aufwärts führt. Der Fahrweg hört nach ca. 40 Min. auf, und man benützt einen schmalen Gangsteig, welcher im Graben weiter kurz nachher aus dem Walde heraus auf steile Grasböden führt, von wo man einen sehr hübschen Anblick der schroffen Felsmauern des Lackenkogl, Tonnkogl, Hochhorn und Hocheck, welche den obersten Thalkessel der „Dürren Fölz" umrahmen, geniesst. Nunmehr überschreitet man einen kleinen Graben nach rechts, strebt sodann ziemlich gerade gegen die Abstürze des Hochhorn aufwärts und erreicht sodann rechts hinaussteigend die Schneide, über welche man, einige kleine Absätze überkletternd gegen den Gipfel des Hochhorn ansteigt Dieser selbst wird an seiner rechten (südöstlichen) Seite umgangen und sodann der Kamm zwischen dem grossartigen obersten Kessel des Weissenbachl-Thales und dem wilden Felscircus der „Kalten Fölz" zum weiteren Anstiege benützt.

Nun über Fels und Rasen um die mächtige Kaiserwart herum und zu der mit einem Triangulirungszeichen geschmückten Spitze des Kaiserschild. Von demselben, der hier (östlich) in grossartigen Steilwänden abstürzt, prachtvoller Ueberblick über das Thal von Eisenerz und dessen Umgebung, grossartiges Gebirgspanorama, insbesondere die Schwabengruppe und die Gruppe des Eisenerzer Reichenstein, südlich das Zeiritzkampel und westlich die Gesäuseberge. Unter der Spitze primitive Jägerhütte. Abstiege siehe Seite 71 und 84.

Die Bahn führt von der Haltestelle Radmer links weiter an dem Erzbache aufwärts — rechts zweigt die Strasse nach Radmer ab. Dieselbe führt, an den grossartigen Kohlstätten „im Krautgarten" vorüber, in eine sehr schöne Felsenge zwischen dem Hocheck einerseits und dem Siegelkogel und Otterfall andererseits bis zur Mündung des aus grossartiger Felswildniss herabkommenden Weissenbachlthales. Nun biegt das Thal im rechten Winkel gegen die bisherige Richtung südwestlich ab und führt die Strasse durch nunmehr wieder sanftere Umgebung zu dem in einfachem Schweizerstyle erbauten kaiserlichen Jagdschlosse, und wenige Minuten nachher (1¹/₂ Std. von der Eisenb.-Stat.) nach

Radmer a. d. Stube.

Dieser schmucke, kleine Ort besitzt eine ausserordentlich anmuthige Lage an der Mündung des Finstergraben, in einem der lieblichsten Alpenthäler. Schwellende Wiesen bedecken den welligen Thalgrund, auf dem in reizender Unregelmässigkeit die wenigen Gehöfte gruppirt sind. Auf vorspringendem Hügel thront die vielbesuchte Wallfahrtskirche St. Antonius von Padua, darüber erhebt sich in gigantischen Wänden der mächtige Felsbau des doppelgipfeligen Lugauer, während südöstlich das begrünte Zeiritzkampel mit seinem, die sanfteren Formen des Urgebirges zeigenden Nachbarn das schöne, in mehrere Gräben verzweigte Thal abschliessen. Der Ort ist sehr alt und der Sage nach dadurch entstanden, dass ein an eine Haselstaude gebundenes Pferd den Boden so heftig scharrte, dass Kupfererz an den Tag kam, und so ein Kupferbergwerk, welches hier bis zum Jahre 1849 bestand, begründete, daher auch angeblich: „Radmer an der Hasel". Thatsächlich ist der Boden ungemein erzreich und bestehen auch Tagbaue auf Eisenerz und zwar einer ¹/₄ Stunde westlich der Kirche, der zweite in der hinteren Radmer. Der Bergbau wurde auch schwunghaft betrieben und war so ergiebig, dass man bis 1000 Centner Rösterze täglich verführen konnte, zu welchem Zwecke man auch lange Zeit eine Pferdebahn bis an die Kronprinz Rudolfbahn projectirt hatte. Derzeit wird nur mehr sogenannter Scheinbau betrieben.*)

Gasthäuser: Reichenpfader (Kirchwirth) und Hintsteiner (Mühle), beide gut.

Führer: Johann Wedel.

Taxen: Lugauer 3 fl., Kaiserschild 3 fl., Zeiritzkampel oder Loibmer 3 fl., nach Eisenerz 3 fl.

Ausflüge:

I. **Auf den Lugauer**, 2205 m, 4 Std.; leicht, nur im letzten Theile kurze Kletterei. Sehr lohnend. Man geht von der Kirche weg durch schönen Wald zu der tief gelegenen

---

*) Diese, sowie die im hinteren Johnsbachthale befindlichen Erzlager werden nämlich in Reserve gehalten, falls dereinst der Erzberg erschöpft sein sollte und gegenwärtig nur das durch die Concession vorgeschriebene Quantum geschürft, was fachmännisch mit Beleg bezeichnet wird.

Pfarr-Alm, von wo man sanft aufwärts auf den Perlmoos-Sattel zu den Sulzbauernhütten gelangt. Weiter geht man nun um den Fuss des Lugauer herum an steilem, felsdurchsetzten Hange hin in das sogenannte „Kaarl", dem ringsum von steilen Felsen umgebenen, obersten Theile des Krautgartengraben, aus dem man indess rechs ganz gut heraussteigen kann und unterhalb des „Polster", unmittelbar über der Scheucheck-Alm auf den Kamm gelangt. (2$^1/_2$ Std.) Der Felsobelisk des Lugauer, der sich hier imposant erhebt, wird nun, nachdem man das sanfte, rasenbedeckte Plateau des Polster erstiegen, von der Westseite über gutem Fels, Rasenbänder und Krummholz in 1$^1/_4$ Stunden erstiegen. Am nordöstlichen Gipfel Triangulirungszeichen. Zu der zweiten, wenig höheren Spitze gelangt man, indem man die Scharte westlich unterhalb umgeht.

Aussicht siehe Seite 17, *ad IV*.

Auch von der Südost-(Radmer-)Seite aus soll es möglich sein, den Lugauer zu erreichen, und zwar sowohl durch den Schustergraben als auch unmittelbar von Radmer aus. Wenn diese Anstiege auch etwas schwieriger sein dürften, so erscheinen sie doch in Anbetracht des guten Gesteines und der günstigen Structur desselben durchaus nicht unmöglich.

II. Auf den **Kaiserschild**, 2083^m, 4 Std.; beschwerlich, aber lohnend. Man geht zuerst thalabwärts bis zur Mündung des Weissenbachl und steigt sodann, anfänglich längs des Baches, später über einen kühn angelegten, mit Stufen, Seilen und Geländern versehenen, zu Jagdzwecken unter Kaiser Ferdinand II. errichteten Steig durch das grossartige, von imposanten, wildzerklüfteten Felswänden gebildete Hochthal des Weissenbachl hinauf zu einer Höhle, der sogenannten Kaiserkuchel, einem beliebten Rastplatze Kaiser Ferdinand II. Weiter geht es nun über Fels und Rasen steil und beschwerlich, meist ohne jeden Pfad hinauf auf das öde Plateau in die Nähe der „Kaiserwart" und sodann rechts über steinigem Boden auf die Spitze. Aussicht siehe Seite 69.

III. Ueber den **Radmerhals nach Eisenerz**, 3$^1/_2$ Std., leicht, sehr lohnend. Man wandert in dem von zahlreichen Gebäuden bestandenen Finstergraben etwa $^1/_2$ Stunde aufwärts, wo bei einer Hütte der Alpsteig über den Berriedel links abzweigt und anfangs steil hinauf durch Wald, dann sanfter nach rechts herum zur Hienhart-Alpe führt. Von derselben nun mässig ansteigend, an den Hängen des felsigen Halskogel herum zu dem mit einem Kreuze bezeichneten Radmer-Hals 1810^m, (1$^1/_2$ Std.) Sodann jenseits an der schönen kaiserlichen Jagdhütte vorbei, zuerst steil hinab durch Wald und in das breite, schöne Ramsauthal. Durch dasselbe hinaus auf dem Schinkerweg in die Klamm durch herrlich schöne Thalpartien, am Franzosenkreuze und dem Hämerlhause vorüber in das Krumpenthal und nach Eisenerz. (2 Std.).

IV) **Auf das Zeiritzkampel**, 2118 m, 4 Std.; nicht beschwerlich, sehr lohnend. Man geht durch den Finstergraben aufwärts bis zur Einmündung des von rechts herabkommenden Ochner-Graben (³/₄ Std.) und sodann durch diesen fast ununterbrochen durch Wald sanft ansteigend zur Braunseis-Alpe (1¹/₂ Std.), welche am nördlichen Fusse des Zeiritzkampel und der durch eine tiefe Einsattlung mit demselben verbundenen Rothwand gelegen ist. In derselben eventuell Nachtlager. Von der Alpe weg steigt man sodann durch einen steinigen Graben zur Sattelhöhe hinauf und von dieser längs des Kammes über steile, glatte, steindurchsetzte Wiesen einigermassen beschwerlich auf den grünen Gipfel. (1¹/₂ Std.). Derselbe ist ein langer, steiniger Grat, an dessen steilen Gehängen ziemlich viel Edelweiss wächst. Das Panorama ist ein sehr hübsches, insbesondere was den Einbick in die umgebenden Thäler und die nahen Ennsthaler Gebirge anbelangt — die Fernsicht dagegen nicht sonderlich umfassend. — Abstiege: über die Zeiritz-Alpe nach Kallwang oder durch den Sulzgraben nach Wald.

„Hinter-Radmer" oder „Radmer a. d. Hasel".

Von Radmer an der Stube führt die Strasse in dem schönen Thale sanft aufwärts — im Vordergrunde das mächtige Zeiritzkampel, rechts die schroffen Mauern des Lugauer — an zahlreichen, halbverfallenen Schmelzöfen vorüber in etwa 1 Stunde nach Hinter-Radmer oder Radmer an der Hasel. (Der Radmerbach heisst nämlich bis hieher Haselbach, weiter abwärts sodann Stubbach). Die Ortschaft besteht aus zahlreichen Häusern und Gehöften, welche in der fast ¹/₂ Stunde langen Thalweitung zerstreut sind. Rechts steht das nahe an 300 Jahre alte Schloss Greifenberg. Gegenüber liegt ein ausserordentlich ergiebiger Tagbau auf Eisenerz. Unmittelbar hinter dem Schlosse erhebt, über den waldigen Hang, der Haselkogel sein felsiges Haupt, während ringsum tiefgrüne Waldberge das Thal umstehen.

Gasthaus: Kath. Leopold (Schloss Greifenberg), gut.
Führer: Johann Wieser.

a) **Ueber die Neuburg-Alm nach Johnsbach**, 3¹/₂ Std., lohnend. Man verfolgt die Strasse vom Schlosse noch ¹/₄ Std. thalaufwärts und schlägt sodann den rechts durch den Wald ziemlich steil aufwärts führenden Alpweg ein, welcher in 1 Std.

an zwei Hüttengruppen („beim Kipferl") vorüber auf den breiten grünen Neuburgsattel leitet. Ueber flache sumpfige Wiesen kommt man in ¹/₄ Std. zur Neuburg-Alm. Vom Sattel und theilweise auch von der Alpe hat man einen schönen Anblick der sich über dem Johnsbachthale imposant erhebenden Reichenstein- und Hochthorgruppe (besonders Oedstein). Auf der Neuburg-Alm eventuell Nachtlager. Jenseits führt nun der Weg zumeist an der rechten Thalwand hinab, an der Schrecker-Alm und mehreren anderen Hütten vorüber durch hübsche Waldbestände in das schöne grüne Johnsbachthal. Zunächst Jagdhaus, rechts oben Wasserfall, sodann Kölbl-Wirth (1¹/₂ Std.) und weiter hinaus Donner-Wirth bei der Kirche (¹/₂ Std.).

b) **Auf den Lugauer**, 2205 m, 4 resp. 3 Std., lohnend. Knapp vom Neuburgsattel zweigt rechts der ziemlich gute Gaissteig ab, welcher zuerst sanft aufwärts, später aber fast eben an den südöstlichen Felswänden des Haselkogels hinführt und nach ca. ³/₄ Std. in das Haselkaar mündet. Ausserdem können Schwindelfreie auch direct vom Schlosse, anfänglich steil durch Wald, zuletzt über eine äusserst stark geneigte Wand (guter Steig) in ³/₄ Std. in das Haaselkaar emporsteigen. Vom Haselkaar geht man rechts hinauf über mässig geneigte Wiesen, mühelos bis knapp unter die hintere Lugauerspitze und über Fels auf diese, sodann die Scharte umgehend zur vorderen (2 Std.). Wer die Besteigung des Lugauer nicht beabsichtigt, geht aus dem Haselkaar links hinab, bei der Halterhütte vorbei zur Klausen im Hartelsgraben und durch diese hinaus zur Enns. Schliesslich kann man noch von der Neuburg-Alm in ¹/₂ Std. zum Hüpflinger-Hals hinaufsteigen und jenseits in 3 Std. leicht durch den prachtvoll schönen Hartelsgraben zur Enns hinab gelangen.

c) **Auf das Zeiritzkampel**, 2118 m, 4¹/₂ Std., lohnend, nicht beschwerlich. Von Hinter-Radmer steigt man über die nordwestlichen bis hoch hinauf bewaldeten Hänge des Berges, auf gutem Alpsteig in das sogenannte „Kammerl", einer mässigen Gebirgsmulde, woselbst die Alpe des Radmerwirthes gelegen ist (3 Std.). Nunmehr gerade hinauf sehr steil über Rasen, zuletzt über sehr stark geneigte steinige Bergwiesen auf den Gipfel (1¹/₂ Std.).

Auch die Seitentour auf die vom Kampel nur durch eine Einsattlung getrennte Rothwand ist lohnend.

d) **Uebergang nach Wald**, 4 Std., lohnend. Ueber den Oniwurg zum Antonikreuz und die Rothwand links lassend, hinab über die Eiglesbrunner-Alpe nach Wald. (Vom Antonikreuz Seitentour auf den aussichtsreichen Leobner.

Eisenerz.

Der uralte Markt Eisenerz trägt mit seinen unregelmässig gebauten alten Häusern, seinen rauchenden Hochöfen und der viel frequentirten, weithin sichtbaren Erzförderbahn unverkennbar den Charakter einer Bergmannsstadt. Seine Lage ist eine herrliche. Der kühnaufstrebende Pfaffenstein, die weit hinauf bewaldete Polster-Alpe, der metallreiche Erzberg, sowie die prallen Felsmauern des Kaiserschild umstehen den breiten Thalkessel und die schöne Kirche St. Oswald, die Kreuzcapelle am Gradstein, der graue Schichtthurm, sowie zahlreiche Gehöfte beleben die Thalgehänge. Ausserdem weist auch der Ort zahlreiche grössere Gebäude auf, wie das neue Amtsgebäude, Rathhaus, Kammerhof, alte Mariencapelle etc.

Eisenerz ist der erste Ort der ganzen Steiermark hinsichtlich des Eisen-Bergbaues, und bricht man in den verschiedenen Stollen und Tagbauten Erze von geradezu vorzüglichster Qualität Der Bergbau ist nachweislich uralt (seit ca. 712 n. Chr.), es sollen sich jedoch vorher die Römer, und vor diesen sogar schon die tauriskischen Urbewohner des Thales (nach Muchar) damit befasst haben. Der Erzberg gehört in seinen beiden unteren Drittheilen der österr. Alpin. Montan-Gesellschaft, in seinem obersten Drittheil der Vordernberger Radmeister-Communität. Die jährliche Gewinnung an Roherz beträgt gegen fünf Millionen Centner, von denen der weitaus grössere Theil an Ort und Stelle geröstet und zum geringeren Theile in drei Hochöfen auch geschmolzen wird.

Für den Touristen besitzt Eisenerz ganz vorzüglichen Werth, in Folge der ausgezeichneten Lage inmitten zahlreicher ausserordentlich lohnender Ausflüge und Touren, und eignet sich besonders auch als Standquartier für längere Zeit, wozu die sehr gute Verpflegung als wichtiger Factor mitzurechnen ist.

Gasthöfe: Baumgartner „zum König von Sachsen"; Brod (jetzt Weitzer) und Moser „zum heil. Geist".

Gasthäuser: Gröbl, Gruschi, Judmeier (Bräuhaus), Kurka, Lanzer „zum gold. Ochsen", Oppeneiger, Peer, Perger, Pletzer, Plötschl „zum gold. Kreuz", Salzer, Schirmbacher, Schnitzer, Steinberger, Vock „zum Kaiser von Oesterreich"; ausserdem noch Egert (Hämmerlhaus) im Krumpenthal, Kogler „Consum" am Münzboden, Schirmbacher im Münnichthal, Werzer „zur Frauenmauer" und Steinberger in Trofeng.

NB. In den meisten der hier bezeichneten Gasthäuser finden auch Sommerparteien beste Unterkunft.

Führer: Anselm Leis (einziger autorisirter Bergführer), ausserdem jedoch noch zahlreiche ehemalige Grubenarbeiter, welche von der Montan-Verwaltung als Führer für den Erzberg mitgegeben werden.

Taxen: Zum Leopoldsteiner-See 1 fl., durch die hintere Seeau bis zur Klamm 1 fl. 70 kr., über die Eisenerzerhöhe nach Wildalpen 6 fl., in die Frauenmauerhöhle 3 fl., nach Tragöss 5 fl., nach Kalwang im Liesingthal 6 fl., nach Radmer 3 fl., zum Teufelssee 4 fl. 50 kr., auf die Donnersalpe 3 fl., auf den Polster 3 fl., auf den Reichenstein 4 fl., auf das Wildfeld 4 fl., auf den Brandstein 5 fl., auf den Hochschwab 9 fl., auf die Griesmauer 4 fl., auf den Triechtling 4 fl. 50 kr., auf das Zeiritzkampel 6 fl.

A. **Sehenswürdigkeiten**:
   a) Kirche St. Oszwald,
   b) Schichtthurm,
   c) Amtshaus mit Museal-Sammlungen in der Knabenschule,
   d) Erzberg,
   e) drei Hochöfen,
   f) Hämmerlhaus.

B. **Ausflüge**:
   1. Zum Leopoldsteiner-See (sehr lohnend), 1 Std.,
   2. in die vordere und hintere Seeau, 2½ Std,
   3. Geiereckweg, ¾ Std.,
   4. Gradsteinweg, 1 Std.,
   5. nach Hinter-Erzberg, 1 Std.,
   6. in die grosse Fölz, 1 Std.,
   7. zur Gsoll-Alpe, 2 Std.,
   8. auf das Tullek und die Donnersalpe, 3 Std.

C. **Touren**:
   I. Durch die Frauenmauerhöhle nach Tragöss,
   II. über den Radmerhals nach Radmer,
   III. über die Eisenerzerhöhe nach Wildalpen,
   IV. über den Teicheneck-Sattel nach Kalwang,
   V. über den Prähbühel nach Vordernberg,
   VI. auf den Kaiserschild,
   VII. auf den Reichenstein,
   VIII. auf die Griesmauer,
   IX. auf den Pfaffenstein.

Schilderungen:

A. **Sehenswürdigkeiten**:

ad a) **Kirche St. Oszwald**. Dieses eigenartige uralte Bauwerk steht auf einem Vorsprunge des Erzberges, von dem aus man einen prächtigen Ueberblick über das schöne Thal geniesst. Kaiser Rudolf I erbaute 1279 die erste, Kaiser Maximilian I. nach dem grossen Brande 1492 die gänzlich neu hergestellte zweite Kirche. Dieselbe ist ein spätgothischer Bau, umgeben von einst wohlversicherten Mauern und Thürmen (Tabor) und macht einen überraschenden Eindruck. Im Inneren sind besonders hervorzuheben: Die reichsculpirte Emporebrüstung, sowie ein sehr hübsches Altarbild (von C. Resselfeld).

ad b) **Schichtthurm.** Dieses altersgraue Wahrzeichen von Eisenerz steht auf einem vorspringenden Hügel der südwestlichen Thalwand und beherrscht die ganze Umgebung. Er enthält in seiner Glockenstube eine von Martin Hilger aus Freiburg 1581 gegossene, von Erzherzog Karl II. den Eisenerzern geschenkte Glocke, und dient dazu, den Bergknappen den Beginn, respective das Ende ihrer Schicht (d. i. Arbeitszeit) anzuzeigen. Von dem Thurme aus geniesst man einen prachtvollen Ueberblick über das weite Thal, sowie die umliegenden waldbedeckten Höhen. Bemerkenswerth ist insbesondere der Pfaffenstein, dessen Felsgipfel einer aufgebahrten Riesenleiche ähnlich sieht und der Sage nach, der versteinerte Leichnam eines sündhaften Mönches sein soll, daher Pfaffenstein.

ad c) **Amtshaus und Knabenschule.** Das neue Amtshaus, ein stattliches Gebäude, ist im Markte gelegen, (Besuch im Allgemeinen nicht gestattet), es enthält einen Bibliothekssaal und eine Sammlung sehr seltener Erzstufen und Eisenblüthen, darunter die im Jahre 1669 gefundene „Marianische Wunderstufe", welche durch den Uebergang von Flinz in Brauneisenstein ein seltsames Naturspiel: Ein Marienbild mit einem Strahlenkranz und einem Bande mit inschriftartigen Zeichen umgeben, täuschend ähnlich darstellt. Während des Sommers befindet sich die Wunderstufe in der Barbara-Capelle am Erzberg. In der Knabenschule befindet sich eine recht interessante Naturalien- und Lehrmittelsammlung und ausserdem eine ethnographisch-historische Sammlung (welch letztere provisorisch in der Mädchenschule untergebracht ist).

ad d) **Der Erzberg** ist eine der hervorragendsten Sehenswürdigkeiten der Steiermark. (Besuch nur mit Führer gestattet. Die Wirthe besorgen die Karten und Begleiter. *)

---

*) Taxen für den Besuch des Erzberges:
  I. Für Beistellung eines autorisirten Führers ist zu bezahlen:
    a) Von Eisenerz zur Gloriette . . . . fl. 1.20
    b) von Eisenerz zum Vordernberger Berghaus . . . . „ 1.50
    c) von Vordernberg zur Präbühelhöhe oder umgekehrt . . . . „ −.80

Er erscheint vom Thal aus als ein isolirter Kegel, dessen dunkelgrüner Waldmantel an vielen Stellen durch die zahlreichen Hütten, Berg- und Arbeiterhäuser, sowie die steinbruchartigen Tagbaue unterbrochen wird und dadurch ein recht buntes Gepräge erhält. Man geht gewöhnlich durch das Krumpenthal zurück (unterwegs Besuch eines Hochofens) bis zu den mächtigen Röstöfen-Anlagen und nun theils übertheils an denselben inmitten des regen ungewöhnlichen Betriebes des Erzbaues aufwärts an mehreren Bremswerken und Aufzügen vorüber zur Gloriette (einer prachtvollen Aussichtswarte mit wundervoller Uebersicht über das in allen Winkeln und Höhen den Erzbau zeigende Thal; daselbst einfaches Gasthaus). Gleich nebenan kleine Raritätenkammer, woselbst der Schichtmeister gegen Trinkgeld kleine Andenken (Eisenblüthe, Stufen etc.) verabfolgt. Unmittelbar oberhalb grossartiger Tagbau und Einfahrt in den Stollen mit den sogenannten Heidenlöchern (welche noch aus der Zeit der Römer herrühren sollen). Hier Grenze des Gebietes der österreich. Alpinen Montan-Gesellschaft und nun aufwärts auf den **Gipfel des Erzberges** 1534 m. Daselbst steht ein 1823 von dem unvergesslichen Erzherzog Johann errichtetes kolossales Kreuzbild aus Gusseisen. Vom Gipfel grossartige Rundschau auf die nähere Umgebung: Zeiritzkampel, Reichenstein, Kaiserschild, Seemauern, Pfaffenstein, Griesmauer, Trieachtling etc. Etwas abwärts der Kuppe ist das Vordernberger Herrenhaus, welches ein recht gutes Gasthaus und im I. Stocke

    d) von der Präbühelhöhe auf den Vordernberger Erzberg und zurück . . . . fl. 1.30
    e) von der Präbühelhöhe auf den Vordernberger Erzberg und nach Eisenerz . . „ 1.50
II. Für Benützung eines für 4 Personen eingerichteten Waggons auf der Förderbahn:
    f) von der Präbühelhöhe bis zur Wiesmahter-Maschine . . . . fl. 1.50
    g) von der Wiesmahter-Maschine bis zum Präbühel . . . . „ 1.—
    h) von der Präbühelhöhe bis zur Wiesmahter-Maschine und zurück . . . „ 3.—
III. Die Führergebühren werden verdoppelt, wenn der Führer durch länger als 8 Std. in Anspruch genommen wird.
IV. Jeder Führer ist verpflichtet, Handgepäck bis 15 Pfd. zu tragen; weiters erforderliche Träger werden um 1 fl. per Tag beigestellt. Die eingehobenen Gebühren fliessen den Krankenkassen (Bruderladen) zu.

eine interessante Erzstufensammlung enthält, ausserdem befindet sich unweit der sogenannte „Kaisertisch", das Lieblingsplätzchen Kaiser Max I., von wo aus man eine herrliche Rundschau auf die ragenden Höhen mit ihren verwitterten Kalkgipfeln oder den tiefgrünen Waldeskuppen geniesst. In der Nähe steht eine steinerne Denksäule mit der Inschrift: „Als Man Zählte Nach Christi Geburth 712 hat man diesen Edlen Erzberg zu bauen angefangen", welche Inschrift (nach Muchar) jedoch nur auf den Wiederbeginn des Erzbaues Bezug haben kann. Noch tiefer unten, auf kleinem freien Platze inmitten eines Kranzes ehrwürdiger tiefgrüner Fichten malerisch gelegen, steht die Barbaracapelle, welche nach drei Seiten hin von Eisengittern umspannt ist und den Sommer über die „Marien-Wunderstufe", welche alljährlich in feierlichem Aufzuge heraufgebracht wird, birgt. In der Nähe befinden sich die „Geschwornenstube" und der „Sieboldstollen". Am Franzensstollen ist noch bemerkenswerth das rothe Marmorportal und die gusseiserne Büste des Kaisers Franz I.

Die Gewinnung der Erze geschieht gegenwärtig zum Theile durch Grubenbau, zum Theile aber, u. zw. die schöne Jahreszeit hindurch, durch Tagbau, welch letzterer als Etagenabbau betrieben wird. In dem Gebiete der österr. Alpinen Montan-Gesellschaft befinden sich gegen dreissig derartige Etagen, woselbst das Gestein mittelst Sprengung gebrochen wird. Das Sprengen erfolgt täglich zu einer bestimmten Stunde, welche überdies noch durch Signale avisirt wird, und darf sich während dieser Zeit Niemand auf dem Wege befinden. Die Zahl der am Erzberge beschäftigten Arbeiter variirt zwischen 1000—1500 Personen im Winter und 2000—3000 im Sommer. Auf allen Etagen, sowie in sämmtlichen Stollen laufen Schienenwege, auf denen die Erze mittelst sogenannten Hunden gefördert werden. Im unteren Theile des Erzberges geschieht dies durch Abstürzen durch Schächte auf die nächst tieferen Etagen und durch Ablassen mittelst eines „Bremsberges". Im Vordernberger Antheile dagegen müssen die Erze mittelst Maschinen aus den tiefer gelegenen Abbauten gehoben werden, worauf sie dann mittelst Locomotivbahn auf die Höhe des Präbühel und zu den Wasserflügelbremsbergen, sodann von diesen abwärts zu den Hochöfen nach Vordernberg geschafft werden. Die Förderung mittelst der Hunde ist zuweilen gefährlich, da die Bahnen oft auf hohen Gerüsten über ziemliche Abgründe hinführen und von den Knappen meist in sausendem Fluge befahren werden.

Die gewonnenen Erze — Spateisenstein, welcher je nach der Oxydation Blauerz oder Flinz genannt wird und einen durchschnittlichen Eisengehalt von 38—45 Procent besitzt — werden nun in theils selbstständigen, zum Theile mit den Hochöfen in Verbindung stehenden Röstöfen unter Luftzutritt geröstet, d i. geglüht, wodurch sie nicht nur mürbe gemacht, sondern auch sowohl von den mechanisch beigemengten als chemisch gebundenen nachtheiligen Substanzen gereinigt werden und ihr Eisengehalt bis auf 50 Procent gesteigert wird. Sodann erst werden sie mittelst der Förderbahn, welche das ganze Thal durchzieht, herausgeschafft und in den Hochöfen, von denen sich in Eisenerz drei, in Vordernberg vierzehn befinden, geschmolzen, oder auch direct mittelst Bahn weiterbefördert. Die Menge der gewonnenen Eisenerze variirt und zwar im alpin. montan-gesellschaftlichem Antheile zwischen 120.000 und 150.000 Tonnen jährlich. Der Erzreichthum des Erzberges ist ein geradezu unerschöpflicher zu nennen und dürfte, soweit dies ungefähre menschliche Schätzung zu beurtheilen vermag, noch auf 800—1000 Jahre hinausreichen.

Der vollständige Besuch des Erzberges nimmt $^1/_2$ Tag in Anspruch und ist, wie schon anfangs erwähnt, ausserordentlich lohnend und interessant!

ad e) **Die Hochöfen.** Wie erwähnt, sind in Eisenerz deren drei, und zwar der Wrbna-Hochofen im Markte selbst, der Ruprecht- und der Kaiser Franz-Hochofen im Krumpenthale. Jeder derselben ist gegen 13 m hoch und enthält ausser dem Ofen einen Maschinenraum mit einem 40pfündigen Wasserrade, welches ein kolossales Gebläse treibt. Die Windkessel stehen überdies noch mit einem Lufterhitzungsapparate in Verbindung. Im Hochofengebäude befindet sich auch ein Stampfwerk, welches dazu dient, die noch eisenhältige Schlake in fliessendem Wasser zu verkleinern, wobei das Wasser den gehaltlosen Sand wegspült, während die schwereren Klumpen durch ein Drahtgitter aufgefangen und sodann neuerdings dem Hochofen zugeführt werden. Sehr interessant ist das Ablassen der geschmolzenen Erze, welches alle zwei Stunden erfolgt und durch ein Glockenzeichen bekannt gegeben wird, insbesondere aber zur Nachtzeit ganz besonders sehenswerth. Der Besuch eines Hochofens wird am besten in Verbindung mit dem des Erzberges bewerkstelligt.

ad f) **Das Hämmerlhaus** befindet sich im Krumpenthale und ist ein uraltes Gewerkenhaus, welches unter anderem sehr hübsche, besichtigungswerthe Plafonds mit reicher Stuccaturarbeit aufweist.

B. **Ausflüge:**

ad 1. **Zum Leopoldsteiner-See,** 1 Std. Lohnendster Ausflug in der Umgebung. Ueber die obere und untere Prossen bis zum Urlaubkreuze (blau-roth markirt) und sodann hinab zum See (blau markirt). Zur oberen Prossen geht man, Eisenerz in nordwestlicher Richtung verlassend, an der Schiessstätte vorüber, die an der mattenbedeckten Berglehne sanft aufwärts an zahlreichen Gehöften vorüberführende Strasse entlang, wobei man fortwährend einen herrlichen Ueberblick über das weite grüne Thal und schönen Anblick des jenseits schroff aufstrebenden Kaiserschild geniesst, zu dem in lauschiger Waldblösse am Seeriedl stehenden einsamen Urlaubkreuze. Um zur unteren Prossen zu gelangen, wandert man auf der Erzstrasse abwärts bis zu den mächtigen Holzlegeplätzen, woselbst der gute Fahrweg rechts abzweigt und über den sanften Hang zum Kreuze hinaufführt. Jenseits gelangt man sodann über den steilen waldigen Hang rasch hinab auf die unmittelbar am Seegestade hinführende Strasse. Schliesslich kann man auch die Erzstrasse bis zu dem einfachen aber reizend gelegenen und von wohlgepflegten Anlagen umgebenen fürstl. Liechtenstein'schen Schlosse Leopoldstein hinab verfolgen und von dort sodann rechts herum durch schönen Wald zum See gelangen. Der 50 Hektar Flächeninhalt umfassende, wunderbar malachitgrün gefärbte Seespiegel besitzt eine unbeschreiblich schöne Lage mit grandioser Gebirgsumrahmung. Nördlich erheben sich direct aus den Fluten des Sees die schroffen Seemauern, an denen ein kühnangelegter Jagdsteig hinaufführt, südöstlich überragt der felsige Scheitel des Pfaffenstein die tiefgrünen Waldberge, während südwestlich die kahlen, wettergebleichten Mauern des Kaiserschild und Rothriegel in das stille Thal hereinblicken. Am Rande des Sees einfaches Gasthaus, in der Nähe der Seefischer, bei welchem eventuell ein Kahn ausgeliehen werden kann. Die Kahnfahrt ist bei heiterem ruhigen Wetter ungemein angenehm, besonders schön aber der Sonnenuntergang, welcher leicht genossen werden kann, da man ja immerhin vor Einbruch der Nacht wieder nach Eisenerz zurückgelangen kann. (Vierspänniger Wagen zum See und zurück 5 fl.)

ad 2. **In die vordere und hintere Seeau und zurück durch die Klamm.** $2^{1}/_{2}$ Std., lohnende Thalwanderung. Der flache Thalboden des Münichthales aufwärts vom Leopoldsteiner-See ist von herrlichem, tiefgrünem Walde bestanden, und heisst die vordere und hintere Seeau. Der Weg führt am Seegestade entlang an der südlichen Thalwand nahezu eben in die vordere (roth markirt) und sodann um den in mächtigen Felswänden abbrechenden Strenitzkogel herum in die hintere Seeau zu dem auf prächtig grünem Plane reizend gelegenen Jagdhause. Bei jeder Biegung des Weges entfalten sich neue herrliche Bilder, welchen die Kalte Mauer, Kitzstein, Böse Mauer und die Abhänge des Pfaffenstein ein grossartiges Relief verleihen. Vom Jägerhause im Seegraben weiter gelangt man zur Klamm, woselbst der Bach zwischen den jähen Wänden des Kitzstein einerseits und denen des Pfaffenstein andererseits eingeengt, thalab braust, bis zu dem von rechts herabkommenden Gehartsbachgraben. Eventueller Rückweg durch den Gehartsbachgraben, steil und beschwerlich, zur Jagdhütte am Gehartsbachsattel und südlich an den Abdachungen des Pfaffenstein hinab nach Eisenerz, 3 Std. (nicht zu empfehlen.

ad 3 und 4. **Der Geiereck und Gradsteinweg** sind zwei sehr angenehme Spaziergänge, der erstere am nördlichen Thalgehänge, dem bewaldeten Lauskogel aufwärts (blau-gelb markirt), woselbst der alte Landsitz Geiereck mit seiner rothen Thurmkuppel auffällt (³/₄ Std.); der letztere am westlich vom Markte aufragenden Gradstein (weiss-roth markirt) mit herrlicher Rundschau auf die mächtigen Höhen der Umgebung sowie auf das Trofeng, Münichthal und Eisenerz. Abstieg über die Peterskirche (Calvarienberg), dem Schichttburm oder durch das „Tull" (³/₄—1 Std.).

ad 5. **Nach Hinter-Erzberg**, 1 Std. (weiss-grün markirt), lohnender Spaziergang. Vom Krumpenthale zweigt südöstlich gegen den Reichenstein hinaufziehend der Erzgraben ab, durch welchen ein gut erhaltener Fahrweg zurückführt. Grossartiger Thalschluss: Der mächtige Reichenstein mit seinen Felskaaren. Besonders lohnend in früher Jahreszeit, wenn noch viel Schnee auf der Höhe lagert! Seitentour eventuell rechts aufwärts zu den Kothalpel-Hütten und über den Grössenberg zurück.

ad 6. **In die grosse Fölz**, 1 Std. (weiss-blau markirt), lohnender Waldweg über den Tullriedl und zum Fölzbauern. Grossartiger Anblick der schroffen Fölzwände (Kaiserschild). Rückweg eventuell über Münichthal.

ad 7. **In den Gsollgraben und zur Gsoll-Alpe**, 2 Std., (roth markirt), sehr lohnende Thalpartie! Man wandert auf der Präbühelstrasse bis nach Trofeng, welches an der Mündung des Gerichtsgrabens sehr hübsch gelegen ist. Von hier geht man links aufwärts durch den allseits prächtig begrünten Gsollgraben, fortwährend im Angesichte der umgebenden gewaltigen Felsmassen des Pfaffenstein, Gsollmauer, Frauenmauer und der zerrissenen Griesmauer, zum Theile steil ansteigend zurück an der Leobner Mühle, zwei Bauernhäusern, einem Steinbruche und dem Gsollhofe mit Kapelle vorbei, zu den einsamen Gsoll-Alpenhütten.

ad 8. **Auf das Tulleck**, 1 Std. Sehr lohnend und interessant. Man geht auf schönem Waldwege durch den Tullgraben oder über den Tullriedl auf diesen prachtvollen Aussichtspunkt, welcher nicht nur ein herrliches Gebirgspanorama (Kaiserschild, Pfaffenstein, Frauenmauer, Griesmauer und Reichenstein) bietet, sondern auch das schönste Bild des Erzberges mit seiner emsigen Industrie, sowie den an seinem Fusse gelegenen Röstofen-Anlagen entfaltet und ausserdem noch einen hübschen Anblick von Eisenerz und Münichthal gewährt. Dieser Weg ist auch noch ausserdem darum interessant, weil er an den neueren Bergbauten und Bahnanlagen vorüberführt. Eine neue, 1873 vollendete „Förderbahn" zieht sich in einer Länge von 6067 ^{m} von der Donnersalpe den südlichen Gehängen des Tullberges entlang zum Tulleck. Rückweg südlich über das Gut Hoheneck ins Krumpenthal oder der Förderbahn entlang, welche mit einem 445 ^{m} langem Bremsberge beim Eisenerzer Bahnhofe endigt. Vom Tulleck aufwärts in 1 Std. zur Donnersalpe. Aussicht noch umfassender.

C. **Touren:**

ad I. **Durch die Frauenmauerhöhle nach Tragöss,** ca. 6 Std. Sehr lohnend. Grossartigste Höhlenbildung der nördlichen Kalkalpen. Dieselbe ist ein natürlicher Tunnel durch den vom Hauptstocke des Hochschwabzuges südlich über die Griesmauer zum Triechtling streichenden Kamm, welcher die Thäler des Gsollbaches und Jassinggraben scheidet. Man wandert auf der Präbühelstrasse in $^1/_2$ Std. nach Trofeng, woselbst man im Jagdhause Führer und Beleuchtungsmateriale erhält, und sodann durch den grünen Gsollgraben zur Gsoll-Alpe ($1^1/_2$ Std.), von wo man in Serpentinen, steil ansteigend zuerst durch Krummholz, später über grobes Gerölle und Holztreppen zum Höhleneingange kommt. $^3/_4$ Std. (Ein gutes Auge kann denselben schon von unten erkennen). Die Höhle hat eine Länge von 644 ^{m} und einen Rauminhalt von über 136.400 Kubikmeter. Bei der mittleren Oeffnung eintretend gelangt man gleich links in die „Eiskammer", woselbst im Sommer sehr schöne spindelförmige Eissäulen entstehen. Im Hauptgange weiter kommt man nach kurzem steilen Anstiege in einen mächtig gewölbten Dom, die „Kirche", in welcher sich links eine vorspringende Felsplatte, die „Kanzel" befindet. Auf dieser letzteren stellen sich gewöhnlich die Führer mit den Fackeln auf, um das riesige Gewölbe besser beleuchten zu können. Nun klettert man durch eine schmale Spalte zur „hohen Kluft" hinab, um jenseits über mächtige Felstrümmer wieder zum „Riesendom" emporzusteigen. Wieder hinab gelangt man zum „Inschriftplatz" (Inschriften bis 1605 zurückdatirend) und weiters, an mehreren Nebengallerien vorüber, zur „Kreuzhalle", einem mächtigen Kreuzgewölbe, welches durch die Abzweigung zweier bedeutender Seitengalerien entsteht. Nun noch auf und ab durch die gewundenen Gänge endlich zum östlichen Ausgange (1 Std.), welcher eine Höhe von 1560 m besitzt (gegen 1395 m der Westöffnung). Von demselben herrliche Rundschau auf die lieblich gelegene Neuwaldeck-Alpe und die Höhen des Schwabenzuges. Nun abwärts zur Alpe (¹/₂ Std.) und hinaus durch den Jassinggraben nach Tragöss (Oberort) 2 Std. Wer nach Eisenerz zurück will, geht, um die nochmalige Durchwanderung der Höhle zu vermeiden, rechts um die Frauenmauer (Karlkogel) herum zum Neuwaldeck-Sattel und zurück ins Gsollthal

ad II. **Ueber den Radmerhals** 1310 m **nach Radmer**, 4 Std., schöner Uebergang durch das Krumpenthal zurück, beim Hämmerlhause und dem Franzosenkreuze vorüber, durch „die Klamm" in das freundliche Thal der Ramsau, um die Donnersalpe herum gegen den Halskogel zu — grossartiger Anblick der Wände des Hochkogel und Kaiserschild — und nun links hinauf durch Wald zum „Radmerhals" (roth markirt) 2 Std. Jenseits sodann über den Berridl und die Hienhartalpe nach Radmer an der Stube, 2 Std. Siehe Seite 71.

ad III. **Ueber die Eisenerzerhöhe nach Wildalpen**, 7—8 Std, lange aber lohnende Bergwanderung. Von Eisenerz auf bekanntem Wege (Seite 79) zum Urlaubkreuze am Seeriedl und nun, statt links zum See hinab, rechts am Hange weiter in die vordere Seeau und zum Jägerhause. Nun Fahrweg links in den Kaarlgraben, dann rechts heraus um den Schneckenkogel herum zur Rohrhütte und auf den Sattel. Sodann hinab in den obersten Theil des Seegrabens und durch denselben aufwärts zu den Erzboden-Alpenhütten ca. 3¹/₂ bis 4 Std.; oder vom Jagdhause gerade aus Fusssteig durch den Weissenbachgraben steil hinauf zur Rohrhütte; oder schliesslich durch die „Klamm" zurück bis zur Mündung des Fobes-Thales und rückwärts auf einem steilen Riegel aufwärts, sodann links gegen das Bretterloch und wie vorhin zu den Erzbodenhütten. Von dieser grösseren Hüttengruppe auf die Eisenerzerhöhe ¹/₂ Std., und jenseits hinab nach Hinter-Wildalpen, 1¹/₂ Std., und hinaus nach Wildalpen, ³/₄ Std.

ad IV. **Ueber den Teicheneck-Sattel nach Kalwang im Liesing-Thale**, 5 Std Uebergang aus dem Gebiete der Enns in das der Mur. Zurück in das freundliche Thal der Ramsau und links hinauf auf gewundenen Waldwegen auf den Teicheneck-Sattel. Jenseits hinab an die Vereinigung der Quellbäche am Fusse des Wildfeld und durch die Lange Teichen — an der Mündung des Raschgraben vorbei — hinaus nach Kalwang.

ad V. **Ueber den Präbühel** 1227 m **nach Vordernberg**, 3 Std. Entweder über die schöne Reichsstrasse oder durch den engen waldigen Gerichtsgraben, an mehreren Hütten vorüber, auf die Passhöhe (daselbst Gasthaus) und jenseits hinab nach Vordernberg. Dieser Uebergang wird am besten mit dem Besuche des Erzberges verbunden. Man geht in diesem Falle vom Gipfel desselben hinab zum Vordernberger Herrenhause oder direct zum Plattenkreuze. Ausserdem kann auch — soweit dies der Betrieb gestattet — die Erzförderbahn benützt werden. Von Vordernberg Seitenlinie der Südbahn nach Leoben.

ad VI. **Auf den Kaiserschild**, 2083 m, 4$^1/_2$ Std., lohnend, beschwerlich. *a)* Durch das Krumpenthal und die Klamm in das breite offene Thal der Ramsau und auf dem (roth markirten) Wege zum Radmerhals ein Stück aufwärts (1$^3/_4$ Std.). Nun rechts abweichend an den steilen felsigen Hängen und Abstürzen des Halskogel und Hochkogel schief aufwärts und schliesslich über Rasen und Fels auf das Plateau und den Gipfel (2$^3/_4$ Std.)

b) In die grosse Fölz — entweder über das Tulleck zur Schirmbacher-Alpe oder direct durch das Thal — und rückwärts über Rasen und Wände, sehr steil und beschwerlich, auf den Gipfel. Unter demselben primitive Schutzhütte für die Jäger.

Aussicht grossartig, sowohl in die umliegenden Thäler als auch die nahen Ennsthaler Gebirge, Schwabengruppe und den Urgebirgszug mit dem Zeiritzkampel etc.

ad VII. **Auf den Reichenstein** 2166 m, ca. 5 Std., leicht, ausserordentlich lohnend. *a)* Man geht auf den Erzberg bis gegen die Lorenz-Hütte und sodann auf dem Kamme weiter und hinab zur „Platten-Alpe", 2$^1/_2$—3 Std. Nun steigt man über steilen Alpenboden der nächsten Höhe, dem „Rössl" zu (1 Std.) und unter der höchsten Erhebung desselben rechts (auf der Westseite) hin auf den Kamm und längs desselben in $^1/_2$ Std. zu einer steilen Felsrinne, der „Stiege". Dieselbe ist seit mehreren Jahren bedeutend verbessert, so dass man ganz gut aufwärts kommt. Oberhalb ist man bereits auf der Schneide, und wenige 100 Schritte weiter gelangt man zur Spitze ($^3/_4$ Std.).

b) Ein zweiter, jedoch weniger lohnender und sehr steiler Anstieg führt durch den Erzgraben (Hinter-Erzberg) auf den Reichenhals und längs der südlichen Schneide auf den höchsten Gipfel.

Die Aussicht ist in Folge der günstigen Lage des Berges eine überraschend grossartige, insbesondere was die Gebirgsaussicht anbelangt, da sie ausser den imponirenden Bergesriesen der näheren Umgebung: Wildfeld, Gösseck, Zeiritzkampel, Kaiserschild und der Schwabengruppe einerseits bis zum Dachstein, andererseits jedoch bis zum Schneeberg und der Raxalpe reicht. Der Reichenstein ist ausserdem noch berühmt wegen seiner reichen Flora (unter anderem fast einziger Standort von *Saxifraga Cotyledon*). — Abstiege: Vom „Rössl" über die Steyrer-Alpe nach Vordernberg oder vom „Reichenhals" über die Krumpen-Alpe nach Trofajach.

ad VIII. **Auf die Griesmauer** 2034 m, 5½—6 Std., sehr schwierig. Die Griesmauer ist jener schroffe, vielfach zerschründete Felsgrat, welcher in einer Längenausdehnung von über 1½ Kilometer dem Verbindungskamme zwischen dem Triechtling und dem Hauptstocke des Schwabenzuges entragt. Die nördlichste Erhebung ist die höchste Spitze. Zu ihrer Ersteigung geht man durch das Gsollthal auf den Neuwaldeck-Sattel (3 Std.) und an der Westseite des von der Griesmauer herüberstreichenden Kammes bis unter die Spitze (¼ Std.). Nun östlich über Geröll an den Fuss und aufwärts zur zweiten Scharte nördlich, 1 Std. weiter über den nächsten Felskopf zur ersten Scharte nördlich des Gipfels und über sehr steile Wände, einen Kamin passirend, über die Schneide auf den Gipfel (1¼). Aussicht auf die nähere Umgebung beschränkt. Abstieg westlich durch die Felsen zur Lamming-Alpe und nach Tragöss (Oberort).

ad IX. **Auf den Pfaffenstein**, 1871 m, 4½ Std., mittlere Tour, Aussicht auf die Umgebung. Man geht, wie *ad I*, zum Urlaubkreuz und schlägt einen, an zwei Hütten vorüber am nördlichen Hange der Kesselmauer ziemlich sanft aufwärtsführenden Fussteig ein. Dieser führt um einen Riegel herum in einen vom Pfaffenstein steil herabziehenden, von Krumholz und Geröll bedeckten Graben, welchen er scharf ansteigend vollständig nach links durchquert, zu einem gegen den See vorgeschobenen Vorgipfel und längs der Schneide in eine kleine Mulde und auf den Gipfel. Aussicht, wie oben erwähnt, beschränkt — sehr schön ist der Abblick auf die umliegenden Thäler mit Eisenerz, Trofeng und Münichthal, sowie dem grünen Spiegel des Leopoldsteiner-See.

Ausser den hier angeführten Touren wären noch zahlreiche Excursionen in das Gebiet des Hochschwab zu verzeichnen, doch konnten dieselben, weil grösstentheils schon zu sehr aus dem Bereiche dieses „Führers" entlegen, hier keine Aufnahme mehr finden.

Alphabetisches Register.

	Seite
A.	
Admont	42, 43
Admonter Höhe	10
Almmauer	9
B.	
Bärensattel	10, 26
Bosruck	60
Brettspitz	19
Bruckgraben	24
Brucksattel	23, 25
Buchauthal	9, 50
Buchstein, Grosser	10, 28, 67
Buchstein, Kleiner	10, 11, 27
D.	
Dürrenschöberl	61
E.	
Ebersangerl-Alm	32
Eckstall	14
Egger-Alm	10, 26
Eichelau	48
Eisenerz	67, 74
Eisenerzer-Höhe	83
Eisenzieher	10, 67
Ennsegg	32
Erzberg	76
F.	
Flietzen-Alm	42, 66
Fölz, Grosse	49
Frauenberg	81
Frauenmauerhöhle	82
G.	
Gallen, St.	8, 50
Gams	12
Gamsschlucht	28
Geiereckweg	81

	Seite
Gesäuse	4
Gigal-Alm	10
Grabner-Alm	57
Grabner-Thörl	57, 59
Gradsteinweg	81
Griesmayr-Alm	32
Griesmauer	85
Griesweber-Alm	58
Gross-Reifling	7, 11, 26
Gsoll-Alpe	31
Gsoll-Graben	81
Gstatterboden	10, 20
Gstatterboden-Bauer	23
Gstattmayr-Alm	54
H.	
Hall	50
Haller-Mauern	2, 53
Hämmerlhaus	79
Hartlesgraben	15, 16, 17
Haselkaar	18
Hexenthurm	57
Ilieflau	13, 35
Hinter-Erzberg	81
Hochöfen	79
Hochscheiben-Alm	18, 28
Hochthor	37
Hochthurm	59
Höllboden	15
Hohe Kaar	19
Hüpflingerhals	17
J.	
Jahrlingboden	19
Jahrlingmauern	41
Jägersattel	15
Johnsbach	16, 33, 66, 72
Jodlbauer-Alm	12

K.

	Seite
Kaiserau	42, 51
Kaiserschild	69, 71, 84
Kalbling	62
Kalbling-Gatterl	42, 62
Kalwang	83
Kammler-Hütten	57
Kematen-Thal	65
Kesselkaargrat	59
Kiengraben	10
Koch-Alm	59
Koder-Alm	17, 34
Kraus-Grotte	12
Kraut-Gartel	28
Krenbauer-Alm	10
Kreuzkogel	63
Kreuzmauer	59

L.

Lafawald	25
Lainbach	11
Landl	8, 11
Laussa	9
Leopoldsteiner-See	79
Lugauer	17, 68, 70, 73

M.

Maiereck	9
Moser-Alm	57
Mühlau	51
Mühlauer-Sattel	59
Mühlauer-Stadl	60
Mühlkaarl	11

N.

Natterriegel	56
Neuburg-Alm	17, 43, 72
Noth, In der	12

O.

Oedstein	39
Oszwald, St.	75

P.

Pelzthal	59
Peternpfad	30
Pfaffenstein	85
Pitz	56
Planspitze	30, 31
Pleschberg	61
Polster	18
Prähbühel	83
Pyhrgas	55
Pyhrgas-Gatterl	54

R.

Rabengraben	51
Radmer	18, 43, 68, 70, 72, 83
Radmer-Hals	71, 83
Reichenstein	43, 65
Reichenstein (Eisenerzer)	84
Reichenstein-Gruppe	62
Riffel	64
Rochusgrotte	8
Röthelstein	48
Rohr	28
Rottenmann	52

S.

Sattelboden-Alm	15
Sauboden-Hütten	9
Scheiblegger Hoch-Alm	63
Scheiblingstein	55
Scheuchegg-Alm	18, 71
Schleichgraben	9
Schneeloch	38
Schwarzenbachthal	58
Seeau	80
Seeboden	59
Seekaar	31
Sparafeld	64
Sparafeldthurm	64
Sperrnkaar	20
Spital am Pyrhn	55
Spitzenbachgraben	9
Stadel-Alm	36
Stadelfeldschneid	41
Strobelscharte	58
Sulzkaar	17, 35
Sulzkaarhund	17, 35

T.
Tamischbach 10
Tamischbachthurm 10, 18, 25
Teicheneck-Sattel . . 83
Treffner-Alm . . 35, 42, 66
Trieben 42, 52
Tulleck 81

V.
Volkernot-Graben . . 59, 60
Vordernberg 83

W.
Waggraben 14
Wagriegel 14

W.
Wald 43, 73
Wasserfallweg 32
Weisenbach-St.-Gallen 9, 50, 59
Wildalpen 83
Windisch-Garsten . . 55. 59
Wolfbauern-Alm . . 20
Wolfbauern-Wasserfall 31

Z.
Zähne 28
Zeiritzkampel . . 2°, 31, 36
Zinödl 72, 73